Le tecnologie che cambieranno il mond

le tecnologie più innovative e promettenti, e le loro potenziali implicazioni per il futuro.

Introduzione

Intelligenza Artificiale (AI): Oltre la Realtà Verso un Futuro di Innovazione

L'intelligenza artificiale (AI) è un ambito della scienza informatica che sta rivoluzionando il mondo in cui viviamo, lavoriamo e interagiamo con la tecnologia. È una disciplina che va oltre le semplici macchine e computer, spingendosi verso una realtà in cui le macchine possono apprendere, ragionare e compiere decisioni in maniera simile agli esseri umani. Questo libro è un viaggio affascinante alla scoperta del mondo dell'AI, un'esplorazione che ci porterà attraverso i suoi diversi paradigmi, applicazioni, potenziali benefici e rischi, oltre a una riflessione sull'etica che dovrebbe guidarne lo sviluppo e l'applicazione.

Introduzione all'Intelligenza Artificiale

L'introduzione all'Intelligenza Artificiale è il punto di partenza di questo viaggio. In questo capitolo, definiremo l'AI in tutte le sue sfaccettature e presentiamo i diversi tipi di intelligenza artificiale che saranno oggetto di studio nel libro. Dalla creazione di programmi in grado di giocare a scacchi meglio degli esseri umani all'uso dell'AI per guidare veicoli autonomi, scopriremo come questa disciplina sta spingendo i limiti della nostra comprensione.

Paradigmi di AI

Nel secondo capitolo, esploreremo i principali paradigmi di AI che hanno plasmato il campo. Questi paradigmi includono l'apprendimento automatico, l'intelligenza artificiale simbolica e l'intelligenza artificiale naturale. Scopriremo come ciascun paradigma si differenzia dagli altri e come contribuisce alla nostra comprensione complessiva dell'AI.

Apprendimento automatico

L'apprendimento automatico è uno dei paradigmi di AI più popolari e rivoluzionari. In questo capitolo, analizzeremo in dettaglio questa branca dell'AI, esaminando come le macchine possono apprendere dai dati e migliorare le proprie prestazioni nel tempo. Vedremo come l'apprendimento automatico sia utilizzato in applicazioni reali, dalla raccomandazione di prodotti online alla diagnosi medica assistita da computer.

Intelligenza artificiale simbolica

Nel quarto capitolo, ci immergeremo nell'intelligenza artificiale simbolica, un approccio all'AI basato sull'uso di regole e simboli per rappresentare la conoscenza. Esploreremo come questo paradigma abbia contribuito all'elaborazione del linguaggio naturale, alla risoluzione di problemi complessi e alla creazione di sistemi esperti in grado di prendere decisioni informate.

Intelligenza artificiale naturale

L'intelligenza artificiale naturale è un approccio all'AI che si basa sui principi della psicologia e della neuroscienza umana. In questo capitolo, esamineremo come gli studi sul cervello umano abbiano ispirato lo sviluppo di modelli AI basati su reti neurali artificiali. Vedremo come questa tecnologia stia portando all'evoluzione delle applicazioni di AI, come il riconoscimento delle immagini e la traduzione automatica.

Applicazioni dell'AI

Il sesto capitolo sarà una panoramica delle principali applicazioni dell'AI in vari settori. Dalla visione artificiale utilizzata nei veicoli autonomi alla robotica che rivoluziona le catene di produzione, passeremo in rassegna le applicazioni reali dell'AI che stanno già cambiando il modo in cui viviamo e lavoriamo.

Potenziali benefici dell'AI

Il settimo capitolo sarà dedicato a una discussione sui potenziali benefici dell'AI. Esamineremo come l'AI possa contribuire all'aumento dell'efficienza nei processi aziendali, all'innovazione tecnologica e alla risoluzione di problemi complessi. Scopriremo come queste tecnologie stiano aprendo nuove opportunità per migliorare la qualità della vita umana.

Potenziali rischi dell'AI

Nel capitolo otto, affronteremo le sfide e i potenziali rischi dell'AI. Discuteremo dell'emarginazione sociale, della discriminazione algoritmica e delle preoccupazioni etiche legate all'uso dell'AI in vari contesti. Sarà un'opportunità per comprendere le sfide che dobbiamo affrontare per garantire che l'AI sia un motore di progresso positivo per l'umanità.

Etica dell'AI

Il nono capitolo sarà una profonda riflessione sull'etica dell'AI e sui principi che dovrebbero guidare lo sviluppo e l'applicazione dell'AI. Discuteremo di trasparenza, responsabilità, equità e sicurezza delle tecnologie AI. Esploreremo come la comunità globale stia cercando di stabilire linee guida etiche per un futuro sostenibile.

Conclusione: Prospettive Future dell'AI

Nella conclusione, guarderemo alle prospettive future dell'AI. Discuteremo delle direzioni in cui l'AI potrebbe evolvere, delle sfide e delle opportunità che ci attendono e di come questa tecnologia potrebbe continuare a plasmare il nostro mondo in modi inimmaginabili.

Intraprendiamo questo viaggio nell'intelligenza artificiale, oltre la realtà attuale, con l'obiettivo di comprendere appieno il potenziale e le sfide che ci attendono in un mondo guidato dalla tecnologia.

Buon viaggio!

Capitolo 1

Intelligenza Artificiale (AI)

Introduzione: Definizione di Intelligenza Artificiale (AI) e introduzione ai suoi diversi tipi.

(1.1) *L'intelligenza artificiale è un campo complesso e in continua evoluzione, e non esiste una definizione univoca di cosa sia l'intelligenza.*

Nel mondo in costante mutamento dell'intelligenza artificiale, definire con precisione il concetto di "intelligenza" è una sfida. Questo campo multidisciplinare, che fonde l'informatica, la matematica, la psicologia cognitiva e molte altre discipline, è in continua evoluzione. Gli studiosi e gli esperti dell'IA hanno formulato diverse definizioni e interpretazioni, riflettendo la sua natura fluida e in costante sviluppo. La mancanza di una definizione univoca sottolinea la complessità e la diversità delle capacità che l'IA cerca di emulare.

(1.2) *Tuttavia, in generale, l'intelligenza può essere definita come la capacità di apprendere, ragionare e risolvere problemi.*

Sebbene l'IA possa mancare di una definizione universale, un concetto centrale emerge: l'intelligenza come capacità di apprendere, ragionare e risolvere problemi. Questi tre pilastri costituiscono il fondamento dell'intelligenza umana e servono da guida nella ricerca e nello sviluppo dell'intelligenza artificiale. La capacità di apprendere consente ai sistemi di acquisire conoscenza dai dati, il ragionamento li aiuta a elaborare informazioni e trarre conclusioni, mentre la capacità di risolvere problemi li abilita a affrontare sfide complesse in modo autonomo. È questa combinazione di abilità che rende l'IA una disciplina così potente e promettente.

(1.3) L'intelligenza artificiale si concentra sulla creazione di sistemi e algoritmi che possono eseguire queste attività in modo simile agli esseri umani.

Il fulcro dell'intelligenza artificiale risiede nella sua missione di sviluppare sistemi e algoritmi capaci di emulare le capacità cognitive umane. Questo implica non solo il compito di apprendere, ragionare e risolvere problemi, ma anche di farlo con una similitudine sorprendente rispetto all'intelligenza umana. L'obiettivo principale dell'IA è quello di creare macchine che possano pensare, apprendere e agire in modi che richiamino il funzionamento del cervello umano, aprendo così la strada a una vasta gamma di applicazioni innovative e al progresso nella soluzione di problemi complessi. Questa ambizione di replicare l'intelligenza umana è alla base della continua evoluzione dell'Intelligenza Artificiale.

Paradigmi di AI: Una panoramica dei principali paradigmi di AI, come l'apprendimento automatico, l'intelligenza artificiale simbolica e l'intelligenza artificiale naturale.

(2.1) L'apprendimento automatico è un approccio basato sui dati che consente ai sistemi di imparare da esempi.

L'apprendimento automatico rappresenta uno dei pilastri fondamentali dell'Intelligenza Artificiale ed è un approccio che si basa sulla raccolta e l'analisi di dati. In questo paradigma, i sistemi AI sono in grado di apprendere e migliorare le loro prestazioni esaminando esempi e dati forniti.

Piuttosto che essere programmati manualmente per eseguire specifiche attività, questi sistemi utilizzano algoritmi per identificare pattern nei dati, riconoscere relazioni e trarre conclusioni.

Questo processo di apprendimento consente loro di migliorare le loro prestazioni man mano che vengono esposti a più dati, rendendoli strumenti potenti per una vasta gamma di applicazioni, dalla previsione del tempo all'analisi del linguaggio naturale.

(2.2) L'intelligenza artificiale simbolica è un approccio basato sulla conoscenza che consente ai sistemi di rappresentare e ragionare sulla conoscenza.

L'approccio dell'intelligenza artificiale simbolica si concentra sulla rappresentazione di informazioni e conoscenze attraverso simboli e regole. In questo paradigma, i sistemi AI utilizzano simboli e linguaggi formali per rappresentare concetti e relazioni nel mondo. Questi simboli possono essere manipolati da algoritmi per effettuare ragionamenti e inferenze. Ad esempio, un sistema di intelligenza artificiale simbolica potrebbe utilizzare regole logiche per dedurre nuove informazioni basate su quelle già conosciute.

Questo approccio è spesso utilizzato in applicazioni che richiedono una comprensione approfondita della conoscenza, come la pianificazione automatizzata, la risoluzione di problemi complessi e l'analisi del linguaggio naturale. L'intelligenza artificiale simbolica è stata fondamentale nello sviluppo di sistemi esperti, che sono in grado di fornire consulenza e prendere decisioni in settori specifici basandosi su una vasta base di conoscenze simboliche.

(2.3) L'intelligenza artificiale naturale è un approccio basato sul cervello che consente ai sistemi di imitare il comportamento umano.

L'approccio dell'intelligenza artificiale naturale cerca di creare sistemi AI che emulino il funzionamento del cervello umano e il comportamento cognitivo. Questo paradigma si basa sulla comprensione dei principi della psicologia e della neuroscienza per sviluppare algoritmi e reti neurali artificiali che simulino il pensiero umano.

Uno degli obiettivi principali dell'intelligenza artificiale naturale è creare sistemi che possano apprendere in modo autonomo, adattarsi all'ambiente e migliorare le loro prestazioni nel tempo, proprio come il cervello umano. Questo approccio è alla base delle reti neurali artificiali profonde (deep learning) e delle tecnologie di apprendimento automatico che hanno ottenuto risultati sorprendenti in campi come il riconoscimento di immagini, il riconoscimento vocale e la traduzione automatica.

L'intelligenza artificiale naturale è particolarmente promettente per applicazioni che richiedono comprensione e interazione avanzata con l'ambiente, come la guida autonoma e la robotica avanzata. Questo approccio mira a creare sistemi AI che possano essere veramente autonomi e adattabili, aprendo nuove frontiere per l'automazione e l'interazione uomo-macchina.

Apprendimento automatico: Una discussione approfondita dell'apprendimento automatico, uno dei paradigmi di AI più popolari.

(3.1) L'apprendimento automatico può essere suddiviso in due categorie principali: apprendimento supervisionato e apprendimento non supervisionato.

L'apprendimento automatico, una delle discipline più affascinanti dell'intelligenza artificiale, offre una vasta gamma di approcci e metodologie per consentire ai computer di apprendere e migliorare le prestazioni in una serie di compiti senza essere esplicitamente programmato. Questa tecnica ha rivoluzionato molti settori, dalla medicina alla finanza, dall'automazione industriale alla guida autonoma, e continua a evolversi ad un ritmo sorprendente.

Tra le diverse categorie dell'apprendimento automatico, due dei principali paradigmi sono l'apprendimento supervisionato e l'apprendimento non supervisionato. Questi approcci forniscono le fondamenta per molte applicazioni dell'intelligenza artificiale, ciascuno con le proprie caratteristiche, vantaggi e sfide.

L'Apprendimento Automatico: Una Rivoluzione Tecnologica

Prima di immergerci nei dettagli dell'apprendimento supervisionato e non supervisionato, è importante capire il contesto in cui operano queste metodologie. L'apprendimento automatico è fondamentalmente un approccio computazionale che consente ai sistemi di acquisire conoscenza e migliorare le prestazioni su un compito specifico attraverso l'esperienza. Questa esperienza può essere rappresentata dai dati, e il cuore dell'apprendimento automatico consiste nell'estrarre modelli, regole o relazioni dai dati stessi, piuttosto che scrivere regole di programmazione esplicita.

L'apprendimento automatico è una disciplina interdisciplinare che fonde elementi di matematica, statistica, informatica, scienze cognitive e ingegneria. È alimentato dall'idea che i computer possono apprendere dagli esempi e migliorare progressivamente le loro prestazioni in compiti specifici. Questo processo di apprendimento avviene attraverso l'identificazione di pattern nei dati e la costruzione di modelli predittivi basati su questi pattern.

Un elemento chiave nell'apprendimento automatico è la capacità di generalizzazione. In altre parole, un modello addestrato su un insieme di dati dovrebbe essere in grado di fare previsioni accurate su nuovi dati che non ha mai visto prima. Questo è ciò che rende l'apprendimento automatico così potente ed è alla base di molte applicazioni, dalle raccomandazioni di prodotti su Amazon alla diagnosi medica assistita da computer.

Apprendimento Supervisionato: Insegnare ai Computer con un Guida

Una delle categorie principali dell'apprendimento automatico è l'apprendimento supervisionato. In questo paradigma, i computer vengono addestrati utilizzando un insieme di dati di addestramento che contiene coppie di input e output desiderati. L'obiettivo è quello di creare un modello o un algoritmo in grado di mappare gli input ai corrispondenti output in modo accurato.

Immagina di voler creare un modello per classificare le e-mail come spam o non spam. Nel caso dell'apprendimento supervisionato, forniresti al modello un insieme di e-mail di addestramento, ognuna delle quali è stata già etichettata come spam o non spam. Il modello apprenderà dai dati di addestramento, identificando i pattern e le caratteristiche che distinguono le e-mail di spam da quelle legittime.

Una volta addestrato, il modello può essere utilizzato per classificare nuove e-mail che non sono presenti nei dati di addestramento. Ad esempio, se ricevi una nuova e-mail, il modello può valutare se è probabile che sia spam o no, basandosi sulle caratteristiche e sui pattern che ha appreso.

L'apprendimento supervisionato è ampiamente utilizzato in una serie di applicazioni, tra cui il riconoscimento vocale, la traduzione automatica, la diagnosi medica, l'analisi del sentiment nelle recensioni dei prodotti e molto altro ancora. La sua capacità di fare previsioni precise basate su dati di addestramento etichettati lo rende uno strumento essenziale per molte aziende e settori.

Tuttavia, l'apprendimento supervisionato ha anche le sue sfide. Una delle principali sfide è la necessità di disporre di un ampio insieme di dati di addestramento etichettati. In molti casi, la raccolta e l'etichettatura di questi dati possono essere costose e laboriose.

Inoltre, i modelli addestrati su dati specifici possono non essere in grado di generalizzare bene a situazioni diverse.

Apprendimento Non Supervisionato: Scoprire Modelli Nascosti

Mentre l'apprendimento supervisionato si concentra sull'apprendimento da input e output etichettati, l'apprendimento non supervisionato si basa su dati non etichettati. In questo paradigma, l'obiettivo è scoprire pattern, strutture o cluster nei dati senza alcuna guida esplicita.

Un esempio comune di apprendimento non supervisionato è il clustering. Supponiamo di avere un grande set di dati contenente informazioni sui clienti di un negozio online, ma senza alcuna etichetta che indichi quale tipo di cliente siano. L'apprendimento non supervisionato può essere utilizzato per raggruppare automaticamente i clienti in cluster basati su similitudini nei loro comportamenti di acquisto.

In questo caso, il modello non ha bisogno di etichette predefinite, ma cerca invece di trovare pattern nei dati che suggeriscano la presenza di gruppi o cluster di clienti simili. Questi cluster possono poi essere utilizzati per scopi di marketing, per personalizzare le offerte o per migliorare la segmentazione dei clienti.

L'apprendimento non supervisionato è anche utilizzato nell'analisi delle immagini, nella riduzione della dimensionalità dei dati, nella scoperta di anomalie e in molte altre applicazioni. È una potente tecnica per esplorare dati complessi e scoprire informazioni nascoste.

Tuttavia, l'apprendimento non supervisionato ha le sue sfide. Ad esempio, può essere difficile valutare la qualità dei risultati, poiché mancano etichette di output chiare con cui confrontare i risultati del modello. Inoltre, può essere sensibile alla scelta degli iperparametri, e i risultati possono variare notevolmente in base a come il modello viene addestrato e configurato.

In conclusione, l'apprendimento automatico è una disciplina affascinante che offre una vasta gamma di approcci e tecniche per insegnare ai computer a migliorare le loro prestazioni attraverso l'esperienza. L'apprendimento supervisionato e non supervisionato sono due dei paradigmi principali dell'apprendimento automatico, ciascuno con le proprie applicazioni e sfide. La capacità di creare modelli predittivi accurati basati su dati etichettati e di scoprire pattern nei dati non etichettati rende l'apprendimento automatico uno strumento potente e versatile per molte applicazioni in un'ampia varietà di settori.

(3.2) L'apprendimento supervisionato è un tipo di apprendimento automatico in cui il sistema viene fornito con esempi di input e output desiderati.

Nell'apprendimento supervisionato, un approccio chiave nell'ambito dell'intelligenza artificiale, i computer vengono addestrati utilizzando un insieme di dati di addestramento che contiene coppie di input e output desiderati. Questo paradigma è fondamentale per molti dei successi recenti dell'apprendimento automatico e ha portato a progressi significativi in settori come il riconoscimento di immagini, la traduzione automatica, il riconoscimento vocale e molto altro.

Per capire meglio l'apprendimento supervisionato, è utile considerare un esempio concreto. Supponiamo di voler addestrare un modello per riconoscere animali in fotografie.

L'insieme di dati di addestramento conterrà numerose immagini di animali, ognuna delle quali è associata all'etichetta corrispondente che indica quale animale è presente nell'immagine.

Ad esempio, un'immagine potrebbe essere etichettata come "cane," un'altra come "gatto," e così via.

Il Processo di Addestramento

Il processo di addestramento inizia fornendo al modello queste coppie di input (le immagini) e output desiderati (le etichette corrispondenti).

Durante l'addestramento, il modello impara a identificare pattern, caratteristiche e relazioni nei dati che gli permettono di fare previsioni accurate. Nel caso dell'esempio sopra, il modello imparerebbe quali tratti o caratteristiche distingono i cani dai gatti, dai cavalli e da altri animali presenti nell'insieme di dati.

Il processo di addestramento comporta spesso la regolazione dei parametri interni del modello in modo che possa adattarsi ai dati in modo ottimale.

Questo può comportare l'ottimizzazione di pesi, coefficienti o altri parametri interni del modello in modo che produca previsioni sempre più accurate.

L'Utilizzo del Modello Addestrato

Una volta addestrato, il modello può essere utilizzato per fare previsioni su nuovi dati che non sono presenti nell'insieme di dati di addestramento.

Ad esempio, se fornissimo al modello una nuova immagine di un cane, esso sarebbe in grado di riconoscere il cane e etichettare correttamente l'immagine come "cane."

Questa capacità di fare previsioni accurate su nuovi dati è ciò che rende l'apprendimento supervisionato così potente ed è alla base di molte applicazioni di successo.

Applicazioni dell'Apprendimento Supervisionato

L'apprendimento supervisionato è alla base di numerose applicazioni dell'intelligenza artificiale. Ecco alcune delle aree in cui viene ampiamente utilizzato:

1. **Riconoscimento di Immagini:** Nei motori di ricerca di immagini e nelle applicazioni di classificazione delle immagini, l'apprendimento supervisionato è utilizzato per identificare oggetti, persone o scene nelle fotografie.
2. **Riconoscimento Vocale:** Nelle applicazioni di assistenza virtuale, come Siri e Alexa, l'apprendimento supervisionato è utilizzato per comprendere e rispondere alla voce umana.
3. **Traduzione Automatica:** In servizi come Google Translate, l'apprendimento supervisionato consente la traduzione automatica da una lingua all'altra.
4. **Medicina:** Nell'analisi medica, l'apprendimento supervisionato può essere utilizzato per diagnosticare malattie basandosi su dati come immagini diagnostiche o risultati di test.
5. **Automazione Industriale:** In ambienti industriali, l'apprendimento supervisionato è utilizzato per monitorare e ottimizzare i processi di produzione.

Tuttavia, l'apprendimento supervisionato non è privo di sfide. Una delle sfide principali è la necessità di disporre di un insieme di dati di addestramento etichettati ampio e rappresentativo. In molte situazioni, la raccolta e l'etichettatura di questi dati possono essere costose e laboriose. Inoltre, l'apprendimento supervisionato può essere sensibile all'overfitting, che si verifica quando un modello si adatta troppo ai dati di addestramento e non è in grado di generalizzare bene a nuovi dati. Questi sono solo alcuni dei dilemmi che i ricercatori e gli ingegneri devono affrontare quando lavorano con l'apprendimento supervisionato.

(3.3) L'apprendimento non supervisionato è un tipo di apprendimento automatico in cui il sistema viene fornito solo con input.

L'apprendimento non supervisionato è uno dei principali paradigmi dell'apprendimento automatico, ma si differenzia notevolmente dall'apprendimento supervisionato.

In questo approccio, a differenza dell'apprendimento supervisionato, il sistema non riceve coppie di input e output desiderati durante il processo di addestramento. Invece, il sistema deve estrarre da solo pattern, struttura e relazioni nei dati in entrata senza alcuna guida esterna.

Per comprendere meglio l'apprendimento non supervisionato, consideriamo un esempio. Supponiamo di avere un ampio insieme di dati contenente immagini di animali, ma senza etichette.

In altre parole, non sappiamo quali animali sono raffigurati in ciascuna immagine. L'obiettivo dell'apprendimento non supervisionato è trovare modi per raggruppare automaticamente le immagini in base alle somiglianze intrinseche, senza la necessità di etichette predefinite.

Tipi Comuni di Apprendimento Non Supervisionato

Ci sono vari tipi di apprendimento non supervisionato, ma due dei più comuni sono:

1. Clustering: Questa tecnica coinvolge il raggruppamento di dati simili insieme in cluster o gruppi. Nell'esempio delle immagini di animali, il clustering potrebbe essere utilizzato per identificare automaticamente gruppi di immagini che raffigurano lo stesso tipo di animale. Ad esempio, potrebbero essere formati cluster separati per immagini di cani, gatti, cavalli, ecc.

2. Riduzione della Dimensionalità: In questo caso, l'obiettivo è ridurre il numero di dimensioni o variabili nei dati mantenendo comunque la struttura e le informazioni rilevanti. Questa tecnica è utile quando si tratta di dati ad alta dimensionalità, come ad esempio dati multimediali complessi. La riduzione della dimensionalità può essere utilizzata per rappresentare i dati in uno spazio a dimensioni inferiori, semplificando così la comprensione e l'analisi.

Utilizzo dell'Apprendimento Non Supervisionato

L'apprendimento non supervisionato trova applicazioni in vari campi, tra cui:

1. Segmentazione di Mercato: Nell'analisi aziendale e del marketing, l'apprendimento non supervisionato può essere utilizzato per suddividere i clienti o i mercati in segmenti omogenei in base a comportamenti o caratteristiche comuni.

2. Analisi dei Dati: Nell'analisi dei dati, questa tecnica può essere utilizzata per scoprire pattern nascosti nei dati che possono non essere evidenti a una prima occhiata.

3. Elaborazione del Linguaggio Naturale: Nell'elaborazione del linguaggio naturale, l'apprendimento non supervisionato può essere utilizzato per raggruppare automaticamente parole o documenti simili in cluster.

4. Biologia Computazionale: In biologia computazionale, l'apprendimento non supervisionato può essere utilizzato per analizzare dati biologici complessi, ad esempio per identificare gruppi di geni con pattern di espressione simili.

Sfide dell'Apprendimento Non Supervisionato

L'apprendimento non supervisionato presenta alcune sfide significative. Poiché non ci sono etichette o risposte corrette durante l'addestramento, è difficile valutare oggettivamente la qualità dei risultati. Inoltre, la scelta dei parametri e degli algoritmi appropriati può essere una sfida, e spesso richiede un'analisi attenta dei dati e delle esigenze specifiche dell'applicazione.

Un'altra sfida comune nell'apprendimento non supervisionato è la visualizzazione e l'interpretazione dei risultati. Spesso, i risultati possono essere complessi da interpretare, soprattutto quando si lavora con dati ad alta dimensionalità.

In conclusione, l'apprendimento non supervisionato è una potente branca dell'apprendimento automatico che permette ai sistemi di scoprire autonomamente pattern e relazioni nei dati. Tuttavia, richiede un'analisi attenta e la scelta oculata degli algoritmi per produrre risultati significativi.

Intelligenza artificiale simbolica: Una discussione sull'intelligenza artificiale simbolica, che si concentra sull'uso di regole e simboli per rappresentare la conoscenza.

(4.1) L'intelligenza artificiale simbolica è un approccio basato sulla conoscenza che consente ai sistemi di rappresentare e ragionare sulla conoscenza.

L'intelligenza artificiale simbolica è un importante paradigma nell'ambito dell'intelligenza artificiale (AI) che si basa sull'uso di simboli e regole per rappresentare e ragionare sulla conoscenza.

Questo approccio differisce da altri paradigmi di AI, come l'apprendimento automatico, che si basano principalmente sui dati e sull'apprendimento da essi.

I Fondamenti dell'Intelligenza Artificiale Simbolica

L'AI simbolica è fondata su principi che traggono ispirazione dalla teoria dei simboli e dalla logica matematica.

Nell'AI simbolica, la conoscenza è rappresentata utilizzando simboli, concetti e regole.

Questi simboli possono rappresentare oggetti del mondo reale, relazioni tra oggetti o concetti astratti. Le regole definite dall'uomo sono utilizzate per manipolare questi simboli al fine di eseguire ragionamenti e processi decisionali.

Un esempio classico dell'uso dell'AI simbolica è il sistema esperto. Questi sistemi sono progettati per risolvere problemi specifici o prendere decisioni in un determinato dominio di conoscenza.

Ad esempio, un sistema esperto medico potrebbe essere progettato per diagnosticare malattie basandosi su sintomi segnalati. Il sistema rappresenta la conoscenza medica utilizzando simboli e regole logiche e utilizza queste regole per ragionare e formulare diagnosi.

Vantaggi dell'Intelligenza Artificiale Simbolica

L'AI simbolica ha alcuni vantaggi significativi:

1. Interpretabilità: Poiché la conoscenza è rappresentata in modo esplicito utilizzando simboli e regole, i risultati delle decisioni prese da sistemi AI simbolici sono spesso facilmente interpretabili dagli esseri umani. Questo rende l'AI simbolica adatta a domini in cui la trasparenza e la spiegabilità sono fondamentali, come la medicina o il diritto.

2. Ragionamento Deduttivo: L'AI simbolica è in grado di eseguire ragionamenti deduttivi in modo preciso. Questo è utile quando è necessario seguire rigorosamente una catena di ragionamenti logici per giungere a una conclusione, come nel caso della progettazione di circuiti elettronici.

3. Gestione della Conoscenza: L'AI simbolica è efficace nella gestione di grandi quantità di conoscenza strutturata. Può organizzare e raccogliere informazioni da diverse fonti e poi utilizzarle per prendere decisioni informate.

Sfide dell'Intelligenza Artificiale Simbolica

Nonostante i vantaggi, l'AI simbolica presenta alcune sfide:

1. Limitazioni nell'Apprendimento da Dati: A differenza dell'apprendimento automatico, che può imparare da grandi quantità di dati senza etichette, l'AI simbolica richiede che la conoscenza sia definita in modo esplicito da esperti umani. Questo può essere un processo laborioso e potenzialmente limitante.

2. Complessità dei Ragionamenti: L'AI simbolica può diventare complessa quando si tratta di problemi che richiedono un ragionamento non lineare o l'interpretazione di dati non strutturati. Questo rende l'AI simbolica meno adatta a certi tipi di problemi, come il riconoscimento di immagini o il linguaggio naturale.

3. Manutenzione della Conoscenza: Una volta che la conoscenza è stata rappresentata in un sistema AI simbolico, essa richiede manutenzione costante per tenerla aggiornata. Questo può essere oneroso e richiedere un impegno significativo.

In conclusione, l'intelligenza artificiale simbolica è un approccio che si basa sulla rappresentazione della conoscenza mediante simboli e regole logiche.

È adatta a domini in cui la trasparenza e il ragionamento deduttivo sono fondamentali, ma può presentare limitazioni nell'apprendimento da dati e affrontare complessità nei problemi che richiedono ragionamento non lineare.

(4.2) Questo approccio utilizza regole e simboli per rappresentare la conoscenza.

Nell'ambito dell'intelligenza artificiale simbolica, l'uso di regole e simboli per rappresentare la conoscenza è una pratica centrale.

Questa rappresentazione simbolica è ciò che distingue l'AI simbolica da altri paradigmi di intelligenza artificiale, come l'apprendimento automatico, che si basa principalmente sui dati.

Rappresentazione dei Simboli e delle Regole

Nei sistemi di intelligenza artificiale simbolica, la conoscenza è rappresentata utilizzando simboli e regole logiche. I simboli possono rappresentare oggetti, concetti o relazioni nel mondo reale.

Ad esempio, in un sistema di intelligenza artificiale che gestisce un sistema di prenotazione alberghiera, i simboli potrebbero rappresentare hotel, date, prenotazioni e clienti.

Le regole logiche definiscono come questi simboli sono correlati e come possono essere manipolati per eseguire ragionamenti e prendere decisioni.

Esempio di Uso di Regole e Simboli

Un esempio concreto può chiarire come funziona questo approccio. Supponiamo di avere un sistema di intelligenza artificiale che fornisce consigli su cosa cucinare in base agli ingredienti disponibili. In questo caso, la conoscenza può essere rappresentata utilizzando regole e simboli.

Ecco alcune regole di esempio:

Regola 1: Se hai pollo e hai patate allora puoi cucinare il pollo con le patate. Regola 2: Se hai carne e hai salsa di pomodoro allora puoi cucinare una pasta alla bolognese.

Qui, "pollo", "patate", "carne" e "salsa di pomodoro" sono simboli che rappresentano ingredienti. Le regole indicano come questi ingredienti possono essere combinati per creare piatti. Quando il sistema riceve informazioni sugli ingredienti disponibili, può applicare queste regole per suggerire cosa cucinare.

Vantaggi dell'Uso di Regole e Simboli

L'uso di regole e simboli presenta vantaggi significativi:

1. Trasparenza: Poiché la conoscenza è rappresentata esplicitamente attraverso regole e simboli, i risultati delle decisioni prese da un sistema AI simbolico sono spesso facilmente comprensibili dagli esseri umani. Ciò rende possibile esaminare e spiegare il ragionamento seguito dal sistema.

2. Facilità di Manutenzione: Aggiornare o modificare la conoscenza in un sistema AI simbolico può essere relativamente semplice. Le nuove regole o simboli possono essere aggiunti o adattati per riflettere le nuove informazioni o i cambiamenti nei requisiti del sistema.

Limitazioni nell'Uso di Regole e Simboli

Tuttavia, ci sono anche limitazioni nell'uso di regole e simboli:

1. Limiti nell'Apprendimento da Dati: A differenza dell'apprendimento automatico, che può apprendere da grandi quantità di dati non strutturati, l'AI simbolica richiede che la conoscenza sia definita esplicitamente dagli esperti umani. Questo processo può essere laborioso e potenzialmente limitante.
2. Complessità delle Regole: La gestione di una grande quantità di regole può diventare complessa e richiedere un'attenta progettazione e manutenzione. Regole troppo specifiche o rigide possono portare a risultati indesiderati.

In conclusione, l'intelligenza artificiale simbolica si basa sull'uso di regole e simboli per rappresentare la conoscenza e prendere decisioni. Questa rappresentazione simbolica offre trasparenza e facilità di manutenzione, ma richiede che la conoscenza sia definita esplicitamente dagli esperti umani, il che può essere un processo laborioso.

(4.3) L'intelligenza artificiale simbolica è stata ampiamente utilizzata in applicazioni come la pianificazione, la risoluzione dei problemi e il ragionamento.

L'intelligenza artificiale simbolica ha una lunga storia di utilizzo in una vasta gamma di applicazioni. Questo approccio, che si basa sull'uso di regole e simboli per rappresentare la conoscenza e il ragionamento, ha dimostrato di essere particolarmente adatto per risolvere problemi complessi in diversi contesti. Di seguito, esploreremo alcune delle principali applicazioni in cui l'intelligenza artificiale simbolica ha giocato un ruolo significativo.

Pianificazione

Una delle aree in cui l'intelligenza artificiale simbolica è stata ampiamente utilizzata è la pianificazione. La pianificazione comporta la definizione di una sequenza di azioni che consentono di raggiungere un obiettivo desiderato. I sistemi basati su regole e simboli possono essere progettati per rappresentare le condizioni attuali, gli obiettivi da raggiungere e le azioni disponibili. Utilizzando regole di pianificazione, questi sistemi possono quindi generare piani o strategie per raggiungere gli obiettivi, tenendo conto delle restrizioni e delle priorità.

Risoluzione dei Problemi

Un'altra applicazione chiave dell'intelligenza artificiale simbolica è la risoluzione dei problemi. I sistemi basati su regole possono essere progettati per analizzare situazioni complesse, identificare problemi e proporre soluzioni. Questi sistemi possono essere utilizzati in una varietà di contesti, dall'assistenza nella risoluzione di problemi tecnici complessi all'ottimizzazione di processi aziendali.

Ragionamento

Il ragionamento è una componente essenziale dell'intelligenza artificiale simbolica. Questi sistemi possono essere progettati per eseguire il ragionamento deduttivo, in cui partono da premesse o fatti noti e applicano regole logiche per trarre nuove conclusioni. Ad esempio, possono essere utilizzati per dimostrare teoremi matematici o per valutare la validità di argomenti basati su regole logiche.

Sistemi Esperti

Un'applicazione classica dell'intelligenza artificiale simbolica è la creazione di sistemi esperti. Questi sistemi sono progettati per emulare l'esperienza e l'expertise di un essere umano in un campo specifico. Utilizzando regole e simboli, i sistemi esperti possono rispondere a domande, diagnosticare problemi e fornire consulenza esperta in settori come la medicina, l'ingegneria, il diritto e molti altri.

Linguaggio Naturale

L'analisi e la comprensione del linguaggio naturale sono anche applicazioni importanti dell'intelligenza artificiale simbolica. Questi sistemi possono essere progettati per estrarre significato da testi scritti o parlati, rispondere a domande in linguaggio naturale e persino generare testi in modo coerente.

Controllo e Robotica

Nel campo della robotica e del controllo automatico, l'intelligenza artificiale simbolica può essere utilizzata per la pianificazione e il controllo delle azioni dei robot. Ad esempio, un robot industriale può utilizzare un sistema basato su regole per eseguire una sequenza di movimenti complessi in un ambiente di produzione.

Sicurezza Informatica

Anche nella sicurezza informatica, l'intelligenza artificiale simbolica può svolgere un ruolo importante nella rilevazione e nella prevenzione delle minacce informatiche. I sistemi basati su regole possono essere utilizzati per identificare pattern sospetti nei dati di rete e attivare misure di sicurezza appropriate.

In sintesi, l'intelligenza artificiale simbolica ha dimostrato di essere una potente metodologia per la risoluzione di problemi complessi in una varietà di settori. Grazie all'uso di regole e simboli, questi sistemi sono in grado di rappresentare e manipolare la conoscenza in modo efficace, il che li rende **adatti per applicazioni che** richiedono ragionamento, pianificazione e risoluzione dei problemi.

Intelligenza artificiale naturale: Una discussione sull'intelligenza artificiale naturale, un approccio all'AI che si basa sui principi della psicologia e della neuroscienza.

(5.1) L'intelligenza artificiale naturale è un approccio basato sul cervello che consente ai sistemi di imitare il comportamento umano.

L'intelligenza artificiale naturale è un approccio all'intelligenza artificiale che cerca di emulare il comportamento umano basandosi sui principi della psicologia e della neuroscienza. Questo approccio si basa sull'idea che, per creare intelligenza artificiale avanzata, è necessario comprendere e riprodurre i processi cognitivi umani.

L'ispirazione dalla Biologia e dalla Neuroscienza

L'intelligenza artificiale naturale si ispira all'anatomia e alla fisiologia del cervello umano. Gli studiosi di questo campo cercano di comprendere come funzionano i neuroni, le sinapsi e i circuiti neurali nel cervello umano e di replicare questi meccanismi nei sistemi artificiali. L'obiettivo è creare reti neurali artificiali, modelli di apprendimento basati sul cervello e algoritmi di elaborazione che riflettano le dinamiche cerebrali.

Apprendimento e Adattamento

Un aspetto fondamentale dell'intelligenza artificiale naturale è l'apprendimento continuo e l'adattamento ai nuovi dati e alle nuove situazioni. I sistemi basati su questo approccio sono progettati per acquisire conoscenza in modo simile a come gli esseri umani apprendono. Questo significa che possono migliorare le proprie prestazioni e adattarsi a nuove sfide man mano che acquisiscono esperienza.

Emulazione del Comportamento Umano

Uno degli obiettivi principali dell'intelligenza artificiale naturale è l'emulazione del comportamento umano. Ciò può includere la comprensione e la generazione del linguaggio naturale, la percezione visiva e uditiva, il riconoscimento delle emozioni umane e persino l'imitazione di movimenti e gesti umani. Questi sistemi sono spesso utilizzati in applicazioni come chatbot, assistenti virtuali e robotica sociale.

Applicazioni dell'Intelligenza Artificiale Naturale

L'intelligenza artificiale naturale trova applicazioni in una varietà di settori. Alcuni esempi includono:

1. Assistenza Sanitaria: I sistemi basati sull'intelligenza artificiale naturale possono essere utilizzati per diagnosticare malattie, analizzare immagini mediche e assistere i medici nella prescrizione di trattamenti.

2. Educazione: Questi sistemi possono personalizzare l'apprendimento degli studenti, fornendo materiali e feedback adatti alle esigenze individuali.

3. Robotica Sociale: I robot basati sull'intelligenza artificiale naturale sono progettati per interagire in modo naturale con gli esseri umani, ad esempio, per assistere gli anziani o per scopi di intrattenimento.

4. Automazione Industriale: L'approccio basato sul cervello può essere utilizzato per migliorare il controllo dei processi industriali, rendendoli più efficienti e sicuri.

5. Analisi delle Emozioni: Questi sistemi possono essere utilizzati per riconoscere emozioni umane in base all'analisi di testi, voci o espressioni facciali.

Sfide e Futuro dell'Intelligenza Artificiale Naturale

Nonostante i progressi significativi, l'intelligenza artificiale naturale affronta alcune sfide importanti. La complessità del cervello umano è ancora poco compresa, e replicare accuratamente il comportamento umano richiede un'enorme quantità di dati e risorse computazionali.

Tuttavia, il campo dell'intelligenza artificiale naturale continua a evolversi rapidamente, e gli sviluppi futuri potrebbero portare a sistemi sempre più sofisticati capaci di comprendere e imitare il comportamento umano in modo più accurato. Ciò **potrebbe avere** un impatto significativo su una vasta gamma di settori, migliorando l'efficienza, l'accessibilità e l'interazione tra gli esseri umani e le macchine.

(5.2) Questo approccio si basa sui principi della psicologia e della neuroscienza per comprendere e replicare il comportamento umano.

L'approccio dell'intelligenza artificiale naturale si fonda saldamente sui principi della psicologia e della neuroscienza al fine di comprendere e replicare il comportamento umano in modo accurato ed efficace.

Questo approccio interdisciplinare cerca di gettare le basi scientifiche per la creazione di sistemi artificiali che funzionino in modo simile al cervello umano, consentendo loro di eseguire attività complesse e interagire con il mondo in modo più naturale.

La Psicologia e la Neuroscienza come Fonte di Ispirazione

Per replicare il comportamento umano, l'intelligenza artificiale naturale si basa sullo studio approfondito della psicologia e della neuroscienza. I ricercatori in questo campo cercano di comprendere come funzionano i processi cognitivi umani, come l'elaborazione delle informazioni, l'apprendimento, la memoria e il ragionamento.

Lo scopo è sviluppare modelli computazionali basati su questi processi, permettendo ai sistemi artificiali di emulare in modo accurato le funzioni cognitive umane.

Neuroscienza Computazionale

La neuroscienza computazionale è una disciplina fondamentale per l'intelligenza artificiale naturale.

Questo campo di ricerca utilizza modelli matematici e algoritmi per simulare il comportamento dei neuroni, delle sinapsi e delle reti neurali nel cervello umano. Attraverso simulazioni avanzate, i ricercatori cercano di comprendere come il cervello elabora le informazioni, apprende dai dati e prende decisioni.

Reti Neurali Artificiali

Un elemento chiave dell'approccio dell'intelligenza artificiale naturale è la creazione di reti neurali artificiali. Questi sono modelli computazionali ispirati alla struttura e alla funzione dei neuroni nel cervello umano.

Le reti neurali artificiali sono utilizzate per l'apprendimento automatico e il riconoscimento di modelli, consentendo ai sistemi di acquisire conoscenza dai dati in modo simile all'apprendimento umano.

Comportamento Imitativo

Uno degli obiettivi principali dell'intelligenza artificiale naturale è l'imitazione accurata del comportamento umano. Ciò può includere la creazione di agenti virtuali che sono in grado di comunicare in modo naturale, di riconoscere emozioni umane e persino di eseguire compiti fisici in modo simile agli esseri umani. Questi sistemi sono utilizzati in applicazioni come la robotica sociale, l'assistenza sanitaria e l'istruzione.

Sviluppi Futuri

L'approccio dell'intelligenza artificiale naturale continua a evolversi e ad affrontare sfide significative.

La comprensione completa del cervello umano è ancora lontana, e replicare l'intera gamma di funzioni cognitive umane rimane una sfida complessa.

Tuttavia, con i progressi in neuroscienza, informatica e apprendimento automatico, è possibile prevedere sviluppi futuri che porteranno a sistemi sempre più sofisticati e capaci di comprendere e replicare il comportamento umano in modo più accurato.

Ciò potrebbe aprire la strada a nuove opportunità in settori come la medicina, l'istruzione, l'assistenza agli anziani e molto altro ancora.

(5.3) L'intelligenza artificiale naturale è stata ampiamente utilizzata in applicazioni come la visione artificiale, il riconoscimento vocale e la robotica.

L'intelligenza artificiale naturale ha trovato un'ampia gamma di applicazioni in settori chiave, tra cui la visione artificiale, il riconoscimento vocale e la robotica. Questi campi di applicazione rappresentano solo alcune delle aree in cui questo approccio innovativo ha dimostrato il suo potenziale per imitare il comportamento umano e migliorare la nostra interazione con il mondo digitale e fisico.

Visione Artificiale

La visione artificiale è un campo in cui l'intelligenza artificiale naturale ha avuto un impatto significativo.

Gli sviluppatori stanno cercando di creare sistemi di visione artificiale in grado di vedere e interpretare il mondo visivo in modo simile all'occhio umano.

Ciò consente applicazioni come il riconoscimento di oggetti, il tracciamento di movimenti, la classificazione di immagini e molto altro ancora.

Questi sistemi sono utilizzati in ambiti come l'automazione industriale, l'assistenza agli anziani e l'industria automobilistica per sviluppare veicoli autonomi.

Riconoscimento Vocale

Il riconoscimento vocale è un'altra area in cui l'intelligenza artificiale naturale ha apportato miglioramenti significativi. L'obiettivo qui è quello di sviluppare sistemi in grado di comprendere il linguaggio parlato in modo naturale, riconoscendo le sfumature della pronuncia umana e l'intonazione.

Questi sistemi sono ampiamente utilizzati in applicazioni come gli assistenti virtuali, la traduzione automatica, il controllo vocale di dispositivi e molto altro ancora. Consentono una comunicazione più naturale tra gli esseri umani e le macchine.

Robotica

La robotica è un campo in cui l'intelligenza artificiale naturale ha aperto nuove opportunità. La creazione di robot in grado di eseguire compiti complessi e interagire con l'ambiente in modo simile agli esseri umani è un obiettivo chiave.

Questi robot possono essere utilizzati in vari settori, dalla medicina alla logistica e all'assistenza domiciliare. Sono in grado di svolgere compiti diagnostici, assistere le persone anziane nella vita quotidiana e supportare le operazioni in ambienti pericolosi.

Applicazioni Future

L'uso dell'intelligenza artificiale naturale in queste applicazioni è destinato a crescere ulteriormente con l'evolversi della tecnologia. Man mano che i sistemi diventano più sofisticati e in grado di comprendere meglio il comportamento umano, potremmo assistere a un'espansione delle possibilità.

Ad esempio, robot ancora più avanzati potrebbero essere in grado di fornire un'assistenza più completa agli anziani, migliorando la qualità della vita. I sistemi di visione artificiale potrebbero essere utilizzati per monitorare meglio gli ambienti industriali, migliorando la sicurezza e l'efficienza. Il riconoscimento vocale potrebbe consentire una comunicazione più efficace tra le macchine e gli esseri umani, apportando cambiamenti significativi nell'interazione con i dispositivi digitali.

In conclusione, l'intelligenza artificiale naturale rappresenta un'area di ricerca promettente che cerca di replicare il comportamento umano nei sistemi artificiali.

Le applicazioni attuali e future di questa tecnologia offrono un potenziale significativo per migliorare la nostra vita quotidiana, avanzare in settori chiave e affrontare sfide complesse. Con ulteriori progressi in questo campo, possiamo aspettarci sviluppi sempre più interessanti che plasmeranno il nostro futuro.

Applicazioni dell'AI: Una panoramica delle principali applicazioni dell'AI, come la visione artificiale, la robotica e il riconoscimento vocale.

(6.1) La visione artificiale è un campo dell'intelligenza artificiale che consente ai sistemi di comprendere e interpretare il mondo visivo.

La visione artificiale è un affascinante campo dell'intelligenza artificiale (AI) che si concentra sulla creazione di sistemi in grado di comprendere e interpretare il mondo visivo, in modo simile a come lo fa il cervello umano.

Questo settore ha fatto notevoli progressi negli ultimi decenni, aprendo la strada a una vasta gamma di applicazioni che vanno dalla sorveglianza di sicurezza avanzata alla guida autonoma dei veicoli. In questo paragrafo, esploreremo in dettaglio la visione artificiale e il suo impatto sulla nostra società.

La visione artificiale si basa sulla capacità di acquisizione, analisi e comprensione delle informazioni visive da parte di un computer o di un sistema artificiale.

Questo processo coinvolge una serie di passaggi complessi che mirano a replicare il modo in cui il cervello umano elabora le immagini visive. Questi passaggi includono la cattura dell'immagine, la segmentazione, l'estrazione delle caratteristiche, il riconoscimento degli oggetti e la comprensione del contesto.

Una delle applicazioni più evidenti della visione artificiale è la sorveglianza di sicurezza. I sistemi di sorveglianza basati su questa tecnologia possono monitorare costantemente luoghi come edifici, strade e luoghi pubblici per rilevare attività sospette o situazioni di emergenza.

 Ad esempio, possono rilevare intrusioni non autorizzate, identificare oggetti abbandonati o persino prevedere potenziali incidenti stradali. Questi sistemi forniscono un contributo prezioso alla sicurezza pubblica e privata.

Un altro campo in cui la visione artificiale ha rivoluzionato l'industria è la guida autonoma. Le auto autonome utilizzano telecamere e sensori avanzati per percepire l'ambiente circostante e prendere decisioni in tempo reale sulla base di queste informazioni.

Questi veicoli sono in grado di rilevare segnali stradali, veicoli, pedoni e ostacoli, consentendo una guida sicura e autonoma. L'obiettivo a lungo termine è quello di ridurre gli incidenti stradali e migliorare l'efficienza del traffico.

La visione artificiale ha anche applicazioni nell'ambito della medicina. I sistemi di imaging medico, come le risonanze magnetiche e le tomografie computerizzate, utilizzano algoritmi di visione artificiale per analizzare e interpretare le immagini diagnostiche.

Ciò consente ai medici di identificare anomalie, lesioni o patologie in modo più accurato e precoce, migliorando la diagnosi e il trattamento dei pazienti.

Oltre a queste applicazioni chiave, la visione artificiale è utilizzata anche nell'industria manifatturiera per il controllo di qualità, nell'agricoltura per il monitoraggio delle coltivazioni, nel marketing per l'analisi delle espressioni facciali dei consumatori e in molte altre aree.

La sua versatilità e il suo potenziale di migliorare diverse industrie ne fanno un campo in costante crescita e sviluppo.

Tuttavia, la visione artificiale presenta anche sfide significative. L'elaborazione di immagini ad alta risoluzione richiede enormi quantità di dati e potenza di calcolo, il che può essere costoso. Inoltre, la privacy e la sicurezza delle immagini raccolte sono questioni importanti, soprattutto quando si tratta di sorveglianza e identificazione facciale.

È essenziale trovare un equilibrio tra l'innovazione tecnologica e la tutela dei diritti individuali.

La visione artificiale è una componente fondamentale dell'intelligenza artificiale che ci permette di far "vedere" ai computer e ai sistemi artificiali.

Le sue applicazioni sono diversificate e vanno dalla sicurezza alla medicina, dalla guida autonoma all'industria.

Con ulteriori sviluppi e avanzamenti tecnologici, possiamo aspettarci che la visione artificiale continuerà a migliorare la nostra vita quotidiana e a trasformare molte industrie.

Tuttavia, è importante affrontare le sfide etiche e pratiche associate a questa tecnologia in rapida evoluzione.

(6.2) La robotica è un campo dell'intelligenza artificiale che consente ai sistemi di eseguire azioni nel mondo reale.

La robotica è un campo dell'intelligenza artificiale (AI) che si concentra sulla creazione e lo sviluppo di sistemi robotici in grado di eseguire azioni nel mondo reale.

Questi robot possono variare notevolmente in dimensioni, forma e funzione, e il loro scopo è quello di assistere gli esseri umani in una vasta gamma di compiti, dall'assemblaggio in linea di produzione alla chirurgia medica.

La robotica combina principi di ingegneria, informatica, elettronica e meccanica per creare macchine intelligenti e autonome.

Un aspetto chiave della robotica è la capacità dei robot di percepire e interagire con l'ambiente circostante. Questo viene reso possibile attraverso sensori avanzati come telecamere, sensori di movimento, sonar e lidar.

I dati raccolti da questi sensori vengono elaborati da algoritmi di intelligenza artificiale per consentire ai robot di prendere decisioni basate sulla situazione e di adattarsi alle diverse condizioni ambientali.

Uno dei settori in cui la robotica ha fatto progressi significativi è l'automazione industriale. I robot industriali sono utilizzati in fabbriche e catene di montaggio per svolgere compiti ripetitivi e pericolosi.

Possono eseguire attività come la saldatura, la verniciatura, il montaggio di componenti e altro ancora, aumentando l'efficienza della produzione e migliorando la sicurezza dei lavoratori.

Un altro campo di applicazione importante è la robotica medica. Qui, i robot vengono utilizzati per assistere i chirurghi durante procedure complesse, consentendo una maggiore precisione e controllo.

Ad esempio, i robot chirurgici possono essere utilizzati per interventi minimamente invasivi, come la chirurgia laparoscopica, riducendo al minimo l'impatto sui pazienti.

Nel settore della ricerca spaziale, i robot sono utilizzati per esplorare pianeti, lune e altri corpi celesti.

I rover marziani, come Curiosity della NASA, sono un esempio di robot che hanno contribuito a raccogliere dati cruciali su Marte.

Questi robot sono dotati di strumenti scientifici sofisticati per studiare la geologia, la chimica e la meteorologia dei pianeti.

La robotica ha anche applicazioni nella vita quotidiana, come i robot aspirapolvere e i robot assistenti per anziani e disabili. Questi dispositivi semplificano le attività quotidiane e migliorano la qualità della vita.

Tuttavia, la robotica presenta anche alcune sfide. La sicurezza è un'importante preoccupazione, soprattutto quando i robot interagiscono con gli esseri umani.

È fondamentale garantire che i robot siano affidabili e non costituiscano una minaccia per le persone.

Inoltre, ci sono questioni etiche legate all'automazione e alla potenziale sostituzione di lavoratori umani da parte dei robot.

La robotica è un campo affascinante e in rapida crescita dell'intelligenza artificiale che sta rivoluzionando molte industrie e aspetti della nostra vita quotidiana.

Con ulteriori progressi tecnologici e sviluppi nell'ambito dell'IA, ci aspettiamo che i robot diventino sempre più intelligenti, versatili ed efficienti, contribuendo a risolvere problemi complessi e migliorando la nostra società.

Tuttavia, è fondamentale affrontare le sfide legate alla sicurezza, all'etica e alla regolamentazione per garantire un futuro positivo e responsabile per la robotica.

(6.3) Il riconoscimento vocale è un campo dell'intelligenza artificiale che consente ai sistemi di comprendere e rispondere alla voce umana.

Il riconoscimento vocale è un campo affascinante dell'intelligenza artificiale (AI) che si concentra sulla capacità dei sistemi informatici di comprendere il linguaggio umano parlato.

Questa tecnologia consente ai dispositivi e ai programmi di ascoltare la voce umana, interpretarla e, in molti casi, rispondere o eseguire comandi basati sulla voce. Il riconoscimento vocale ha avuto un impatto significativo su una vasta gamma di applicazioni e settori, migliorando l'interazione tra le persone e la tecnologia.

Il processo di riconoscimento vocale è complesso e coinvolge molteplici fasi:

1. Acquisizione dell'audio: In questa fase, il sistema raccoglie il segnale audio attraverso un microfono o un altro dispositivo di registrazione. L'audio può essere costituito da discorsi, comandi vocali o qualsiasi altra forma di input vocale.
2. Pre-elaborazione: L'audio acquisito viene sottoposto a pre-elaborazione per migliorare la qualità del segnale e rimuovere il rumore di fondo indesiderato. Questo passo è fondamentale per garantire una maggiore precisione nel riconoscimento.

3. Estrazione delle caratteristiche: Il sistema estrae le caratteristiche vocali significative dal segnale audio, come le frequenze e le durate delle vocali e delle consonanti. Queste caratteristiche sono fondamentali per la successiva fase di riconoscimento.

4. Riconoscimento fonetico: In questa fase, il sistema cerca di riconoscere le unità vocali di base, chiamate fonemi, che compongono le parole. Il riconoscimento fonetico è cruciale per identificare parole e frasi correttamente.

5. Decodifica e trascrizione: Il sistema confronta le informazioni fonetiche estratte con un modello linguistico per decodificare il

testo parlato in parole o frasi scritte. Questa è la fase in cui avviene la trasformazione dell'audio in testo.

6. Post-elaborazione: A questo punto, il sistema esegue una serie di controlli di coerenza, correzione e conferma per migliorare la precisione della trascrizione. Può anche interpretare il significato delle parole in base al contesto.

Il riconoscimento vocale ha numerose applicazioni pratiche:

1. Assistenza virtuale: Gli assistenti virtuali come Siri di Apple, Google Assistant e Amazon Alexa utilizzano il riconoscimento vocale per rispondere alle domande degli utenti e per eseguire comandi vocali, come impostare promemoria o riprodurre musica.

2. Trascrizione automatica: Le applicazioni di trascrizione automatica consentono di convertire registrazioni vocali in testo scritto. Questo è utile in molte situazioni, ad esempio per la trascrizione di interviste o riunioni.

3. Comunicazione assistita: Il riconoscimento vocale può essere una risorsa preziosa per le persone con disabilità che hanno difficoltà nella scrittura o nella comunicazione verbale. Può consentire loro di comunicare attraverso dispositivi basati sulla voce.

4. Automazione aziendale: Molte aziende utilizzano il riconoscimento vocale per automatizzare i processi aziendali,

come la registrazione delle chiamate dei clienti o la gestione delle richieste vocali dei clienti.

5. Navigazione e veicoli autonomi: Nel settore automobilistico, il riconoscimento vocale può essere utilizzato per controllare le funzioni del veicolo, consentendo agli autisti di mantenere le mani sul volante e gli occhi sulla strada.

6. Apprendimento delle lingue: Applicazioni e piattaforme di apprendimento delle lingue utilizzano il riconoscimento vocale per valutare la pronuncia degli studenti e fornire feedback.

7. Salute e assistenza sanitaria: Il riconoscimento vocale viene utilizzato nella documentazione medica e negli strumenti di registrazione delle informazioni dei pazienti.

Tuttavia, nonostante i progressi significativi, il riconoscimento vocale presenta ancora alcune sfide. L'accuratezza può variare in base alla lingua, all'accento e alle condizioni ambientali. Inoltre, la privacy è un'importante preoccupazione, poiché il riconoscimento vocale coinvolge la registrazione e l'elaborazione dell'audio vocale degli utenti.

In conclusione, il riconoscimento vocale è una tecnologia potente che sta cambiando il modo in cui interagiamo con i dispositivi digitali e la tecnologia. La sua capacità di comprendere e rispondere alla voce umana ha il potenziale per semplificare la vita quotidiana e migliorare l'accessibilità ai servizi digitali. Tuttavia, è importante affrontare le sfide legate alla precisione, alla privacy e all'accessibilità per garantire un utilizzo responsabile e inclusivo di questa tecnologia.

Potenziali benefici dell'AI: Una discussione sui potenziali benefici dell'AI, come l'aumento dell'efficienza e l'innovazione.

(7.1) L'intelligenza artificiale ha il potenziale di migliorare la nostra vita in molti modi.

L'intelligenza artificiale (AI) è una tecnologia che offre un vasto potenziale per migliorare la nostra vita in molti modi. Questo campo in rapida evoluzione ha già dimostrato di avere un impatto significativo su molte sfere della società e dell'industria. Di seguito esploreremo alcune delle molteplici modalità in cui l'AI può contribuire a migliorare la qualità della vita umana:

1. Assistenza sanitaria avanzata: L'AI può essere utilizzata per migliorare la diagnosi medica e l'assistenza sanitaria. Algoritmi di apprendimento automatico possono analizzare grandi quantità di dati medici, come immagini radiologiche o dati genomici, per identificare segni precoci di malattie o per aiutare i medici a prendere decisioni più informate. Inoltre, l'AI

può personalizzare i piani di trattamento in base alle esigenze specifiche di ciascun paziente.

2. Automazione dei compiti noiosi: L'AI è stata utilizzata per automatizzare compiti ripetitivi e noiosi, liberando le persone da attività che richiedono poco coinvolgimento intellettuale. Questo consente alle persone di concentrarsi su compiti più creativi e significativi.

3. Miglioramento dell'efficienza aziendale: Molte aziende sfruttano l'AI per ottimizzare le loro operazioni. Ad esempio, algoritmi di pianificazione possono migliorare la logistica e la gestione della catena di approvvigionamento, riducendo i costi e migliorando l'efficienza.

4. Assistenza agli anziani e alle persone disabili: I robot assistenziali basati sull'AI possono fornire supporto agli anziani e alle persone con disabilità, aiutandoli nelle attività quotidiane e garantendo la loro sicurezza. Questi robot possono monitorare la salute, fornire compagnia e persino assistere nella terapia riabilitativa.

5. Educazione personalizzata: L'AI può adattare l'apprendimento agli stili e alle esigenze individuali degli studenti. I tutor virtuali basati sull'AI possono fornire istruzioni personalizzate e monitorare i progressi degli studenti, migliorando così l'efficacia dell'istruzione.

6. **Cura della salute mentale:** Chatbot e applicazioni basate sull'AI possono offrire supporto per la salute mentale, consentendo alle persone di accedere a consulenti virtuali in qualsiasi momento. Questo può ridurre le barriere all'accesso ai servizi di salute mentale e fornire un sostegno prezioso.

7. **Sicurezza e prevenzione:** L'AI viene utilizzata per rilevare minacce di sicurezza in tempo reale, come frodi finanziarie o attività criminali. Questa tecnologia può contribuire a prevenire incidenti e a proteggere la sicurezza delle persone e delle aziende.

8. **Mobilità intelligente:** Veicoli autonomi basati sull'AI stanno emergendo come una potenziale soluzione per migliorare la sicurezza stradale e ridurre il traffico. Questi veicoli possono anche aumentare l'accessibilità per le persone con disabilità o anziane.

9. **Traduzione e comunicazione:** Applicazioni di traduzione automatica basate sull'AI consentono la comunicazione tra persone che parlano lingue diverse, abbattendo le barriere linguistiche e promuovendo la comprensione globale.

10. **Conservazione dell'ambiente:** L'AI è utilizzata nella gestione dei dati ambientali, consentendo una migliore comprensione dei cambiamenti climatici e delle sfide ambientali. Questo può portare a soluzioni più efficaci per la conservazione dell'ambiente e la sostenibilità.

(7.2) L'intelligenza artificiale può anche aiutare a risolvere alcuni dei più grandi problemi del mondo, come la malattia, la fame e la povertà.

L'uso dell'intelligenza artificiale (AI) per affrontare alcune delle sfide più urgenti e complesse del mondo, come la malattia, la fame e la povertà, offre un potenziale enorme per migliorare la vita delle persone in tutto il mondo.

Ecco come l'AI può contribuire a risolvere questi problemi:

1. Medicina e assistenza sanitaria: L'AI può essere utilizzata per accelerare la diagnosi e il trattamento delle malattie, migliorando l'efficienza dei sistemi sanitari. Ad esempio, algoritmi di apprendimento automatico possono analizzare immagini mediche per identificare precocemente segni di malattie, consentendo interventi tempestivi e riducendo il tasso di mortalità.

2. Agricoltura di precisione: L'AI può essere utilizzata per ottimizzare la produzione agricola, migliorando la resa delle coltivazioni e riducendo lo spreco di risorse. Questo può contribuire a combattere la fame aumentando la disponibilità di cibo.

3. Monitoraggio e prevenzione delle catastrofi naturali: I sistemi di intelligenza artificiale possono analizzare dati meteorologici e geospaziali per prevedere e prevenire catastrofi naturali come inondazioni e terremoti. Questo può salvare vite umane e ridurre le perdite economiche.

4. Accesso all'istruzione: L'AI può essere utilizzata per sviluppare sistemi di istruzione online più efficaci e accessibili. Ciò consente alle persone di tutto il mondo, anche in aree remote, di accedere a un'istruzione di qualità.

5. Lotta alla povertà: L'AI può contribuire a creare opportunità di lavoro attraverso l'automazione di compiti ripetitivi e pericolosi, consentendo alle persone di concentrarsi su lavori di valore aggiunto. Inoltre, l'AI può essere utilizzata per sviluppare soluzioni finanziarie più accessibili per le persone a basso reddito.

6. Sviluppo sostenibile: L'AI può contribuire a ottimizzare l'uso delle risorse naturali, riducendo l'inquinamento e sostenendo lo sviluppo sostenibile. Ad esempio, può essere utilizzata per gestire in modo intelligente l'energia e le risorse idriche.

7. Sanità pubblica: L'AI può aiutare a monitorare e prevenire la diffusione di malattie infettive, ottimizzando le strategie di vaccinazione e identificando potenziali focolai. Inoltre, può migliorare la gestione dei dati sanitari e la tracciabilità delle pandemie.

8. Conservazione dell'ambiente: L'AI può essere utilizzata per monitorare e proteggere gli ecosistemi naturali, aiutando a prevenire la deforestazione, il bracconaggio e la perdita della biodiversità.

9. Accesso ai servizi finanziari: L'AI può consentire a persone senza accesso a servizi finanziari tradizionali di accedere a microcrediti o servizi di pagamento digitali, migliorando la loro situazione finanziaria.

10. Assistenza sociale: L'AI può essere utilizzata per identificare persone vulnerabili e offrire loro assistenza sociale mirata, contribuendo a ridurre la povertà e migliorare la qualità della vita.

Sebbene l'AI offra un potenziale significativo per affrontare queste sfide globali, è importante sottolineare che la sua implementazione deve essere guidata da principi etici e responsabili per evitare l'emergere di nuovi problemi o disparità.

La collaborazione tra governi, organizzazioni internazionali e il settore privato è fondamentale per massimizzare l'impatto positivo dell'AI in queste aree critiche.

(7.3) Tuttavia, è importante sviluppare e utilizzare l'intelligenza artificiale in modo responsabile e etico.

Nonostante il potenziale rivoluzionario dell'intelligenza artificiale (AI) nel migliorare la vita umana e affrontare alcune delle sfide più urgenti del mondo, è fondamentale che lo sviluppo e l'uso dell'AI siano guidati da principi di responsabilità ed etica.

Ecco alcuni aspetti cruciali da considerare:

1. Trasparenza: Le organizzazioni e gli sviluppatori di AI dovrebbero essere trasparenti riguardo alle loro pratiche e agli algoritmi utilizzati. Gli algoritmi e i modelli di AI devono essere aperti all'ispezione e alla revisione per garantire che siano equi e non discriminatori.

2. Equità: È essenziale garantire che l'AI non perpetui o amplifichi le disuguaglianze esistenti. Gli algoritmi devono essere formati su dati diversificati e rappresentativi, evitando discriminazioni basate su razza, genere, etnia o altre caratteristiche personali.

3. Responsabilità: Gli sviluppatori e gli utenti dell'AI devono essere responsabili delle azioni e delle decisioni dell'AI. Ciò significa attribuire chiaramente la responsabilità per eventuali

errori o danni causati dall'AI e assicurarsi che vi sia un controllo umano significativo nelle decisioni critiche.

4. Privacy: La raccolta e l'uso dei dati personali devono essere gestiti con attenzione e in conformità alle leggi sulla privacy. Gli utenti devono avere il controllo sui propri dati e devono essere informati su come vengono utilizzati.

5. Sicurezza: L'AI deve essere sviluppata con una forte enfasi sulla sicurezza. I sistemi di AI devono essere protetti da intrusioni e attacchi informatici per evitare il loro utilizzo malevolo.

6. Valutazione continua: È importante monitorare costantemente le prestazioni dell'AI e apportare miglioramenti in base ai feedback e ai risultati reali. Questo processo di miglioramento continuo è fondamentale per garantire che l'AI rimanga efficace ed etico nel tempo.

7. Coinvolgimento delle parti interessate: Le decisioni riguardanti lo sviluppo e l'implementazione dell'AI devono coinvolgere una vasta gamma di parti interessate, tra cui governi, organizzazioni della società civile, esperti del settore e la comunità in generale.

8. Norme e regolamentazioni: I governi e le organizzazioni internazionali devono sviluppare regolamentazioni appropriate per governare l'uso dell'AI. Queste norme dovrebbero essere

progettate per bilanciare l'innovazione e la sicurezza e devono essere applicate in modo coerente.

9. Educazione e formazione: È fondamentale educare il pubblico e gli operatori dell'AI sulla sua corretta utilizzazione ed etica. La formazione in materia di AI può aiutare a promuovere una maggiore comprensione delle implicazioni etiche e sociali.

10. Controllo umano: Nonostante l'autonomia dell'AI, deve sempre essere presente un controllo umano. Le decisioni critiche e le azioni dell'AI devono essere supervisionate e, se necessario, modificate da operatori umani.

La responsabilità nell'uso dell'AI non riguarda solo gli sviluppatori e gli operatori, ma anche i singoli utenti. È importante che tutti comprendano le implicazioni etiche dell'AI e agiscano in modo consapevole.

L'obiettivo finale è creare un ecosistema di AI che migliori la vita umana in modo equo, responsabile ed etico.

Potenziali rischi dell'AI: Una discussione sui potenziali rischi dell'AI, come l'emarginazione e la discriminazione.

(8.1) L'intelligenza artificiale ha anche il potenziale di creare nuovi rischi e sfide.

Mentre l'intelligenza artificiale (AI) offre innumerevoli opportunità e vantaggi, è importante riconoscere che essa porta anche con sé nuovi rischi e sfide significative. Alcuni di questi rischi e sfide includono:

1. Perdita di posti di lavoro: L'automazione alimentata dall'AI potrebbe portare alla perdita di posti di lavoro in settori che tradizionalmente impiegavano lavoratori umani. Le macchine intelligenti possono essere più efficienti in compiti ripetitivi, portando a disoccupazione strutturale.

2. Disuguaglianza economica: L'adozione dell'AI potrebbe aumentare le disuguaglianze economiche. Le organizzazioni in grado di sfruttare l'AI possono accumulare profitti significativi, mentre le comunità o le persone che non hanno accesso o capacità di utilizzare l'AI potrebbero essere emarginate economicamente.

3. Privacy e sicurezza dei dati: L'AI utilizza enormi quantità di dati per apprendere e migliorare le sue capacità. Questo solleva preoccupazioni sulla privacy e sulla sicurezza dei dati personali, specialmente quando i dati vengono utilizzati in modo improprio o violati da cybercriminali.

4. Bias e discriminazione: Se i dati utilizzati per addestrare algoritmi di AI sono parziali o discriminatori, l'AI può perpetuare pregiudizi e discriminazioni esistenti. Questo può verificarsi in ambiti come l'assunzione, il sistema giudiziario e le decisioni finanziarie.

5. Responsabilità legale ed etica: Chi è responsabile quando un algoritmo di AI prende una decisione errata o dannosa? Questa questione solleva problemi legali ed etici che richiedono una chiara definizione della responsabilità per le azioni dell'AI.

6. Controllo etico: Gli sviluppatori e gli utenti dell'AI devono garantire che i sistemi di AI siano sviluppati e utilizzati in modo etico. Ciò richiede la definizione di regole e norme etiche che guidino il comportamento dell'AI.

7. Minacce alla sicurezza: L'AI può essere utilizzata per scopi dannosi, compresi attacchi informatici sofisticati. La crescente autonomia dell'AI potrebbe anche portare a scenari in cui l'AI prende decisioni dannose in modo indipendente.

8. Effetti sulla salute mentale: L'interazione umana con l'AI, come i chatbot e gli assistenti virtuali, può influenzare la salute mentale delle persone. Ad esempio, l'isolamento causato dalla dipendenza da dispositivi alimentati da AI può avere effetti negativi sulla salute mentale.

9. Igualianza di accesso: Non tutti hanno accesso alle stesse risorse e opportunità per comprendere, sviluppare o utilizzare l'AI. Questo può creare disuguaglianze nel progresso tecnologico e nell'innovazione.

10. Sfide normative e politiche: I governi e le organizzazioni internazionali devono affrontare il compito complesso di sviluppare normative e politiche che guidino l'uso responsabile e sicuro dell'AI senza soffocarne l'innovazione.

Affrontare questi rischi e sfide richiederà un impegno globale e collaborativo. Gli sviluppatori, gli utenti, i governi e le organizzazioni devono lavorare insieme per garantire che l'AI sia sviluppata e utilizzata in modo sicuro, responsabile ed equo, massimizzando i suoi benefici e mitigando i suoi rischi.

(8.2) Ad esempio, l'intelligenza artificiale potrebbe essere utilizzata per creare sistemi di sorveglianza invasivi o per discriminare contro determinate categorie di persone.

Un rischio significativo legato all'uso dell'intelligenza artificiale è la possibilità che venga utilizzata per scopi invasivi o discriminatori. Ecco alcune delle principali preoccupazioni in questo contesto:

1. Sorveglianza invasiva: L'AI può essere impiegata per creare sistemi di sorveglianza avanzati che raccolgono, analizzano e interpretano dati provenienti da telecamere di sicurezza, sensori e altre fonti. Questi sistemi possono essere utilizzati per monitorare costantemente la vita delle persone senza il loro consenso, sollevando preoccupazioni sulla privacy e sulla libertà individuale.

2. Discriminazione algoritmica: Gli algoritmi di intelligenza artificiale possono apprendere dai dati storici, che possono includere pregiudizi e discriminazioni esistenti. Se i dati di addestramento contengono discriminazioni razziali, di genere o di altro tipo, l'AI può perpetuare tali pregiudizi nelle sue decisioni, come nelle pratiche di assunzione o nella fornitura di servizi finanziari.

3. Rischio di profilazione: L'AI può essere utilizzata per creare profili dettagliati delle persone basati sui dati raccolti da varie fonti. Questi profili possono essere utilizzati per scopi di marketing, ma anche per scopi più invasivi, come il monitoraggio dei comportamenti o delle opinioni politiche delle persone.

4. Manipolazione dell'opinione pubblica: Alcuni attori potrebbero utilizzare l'AI per diffondere informazioni false o manipolative attraverso le piattaforme online, sfruttando l'analisi dei dati per comprendere e influenzare il comportamento delle persone.

5. Discriminazione nell'accesso: Se l'AI viene ampiamente utilizzata in settori chiave come l'occupazione o i servizi finanziari, coloro che non possono accedere o beneficiare dell'AI potrebbero essere discriminati o emarginati.

Per affrontare queste sfide, è essenziale adottare misure di regolamentazione e etica rigorose nell'implementazione dell'AI. Queste misure possono includere:

- Auditing degli algoritmi: Verificare gli algoritmi di AI per identificare e rimuovere i bias e le discriminazioni potenziali.
- Trasparenza: Fornire informazioni chiare su come vengono utilizzati i sistemi di AI e quali dati vengono raccolti.
- Protezione della privacy: Garantire che le normative sulla privacy siano rigorosamente applicate per proteggere i dati personali.
- Regolamentazione: Creare leggi e regolamenti che governino l'uso dell'AI, specialmente in settori sensibili come la sorveglianza o la sanità.
- Educazione e sensibilizzazione: Informare il pubblico su come funziona l'AI, le sue potenzialità e le sue sfide, in modo che le persone possano prendere decisioni consapevoli sull'uso di tecnologie basate su AI.

Combattere la discriminazione e l'invadenza dell'AI richiede un approccio multi-disciplinare che coinvolga sviluppatori, governi, organizzazioni non governative e il pubblico per garantire che l'AI sia utilizzata in modo etico e responsabile.

(8.3) È importante identificare e mitigare questi rischi prima che si concretizzino.

Identificare e mitigare i rischi associati all'intelligenza artificiale (AI) è di fondamentale importanza per garantire un uso responsabile e sicuro di questa tecnologia. Ecco alcune strategie chiave per affrontare tali rischi:

1. Auditing degli algoritmi: I responsabili dell'implementazione dell'AI dovrebbero condurre audit regolari sugli algoritmi per identificare e affrontare potenziali bias, discriminazioni o altri problemi. Questo può coinvolgere la revisione dei dati di addestramento e l'aggiornamento degli algoritmi per ridurre l'impatto di tali problemi.
2. Regolamentazione e standard: I governi e le organizzazioni devono sviluppare regolamenti e standard specifici per l'uso dell'AI, specialmente in settori sensibili come la sanità e la sorveglianza. Questi regolamenti dovrebbero affrontare la

trasparenza, la privacy dei dati e la responsabilità nelle decisioni prese dall'AI.

3. Trasparenza: Le organizzazioni che utilizzano l'AI dovrebbero fornire informazioni trasparenti su come vengono utilizzati gli algoritmi, quali dati vengono raccolti e come vengono prese le decisioni. La trasparenza contribuisce a costruire fiducia tra gli utenti e a garantire che l'AI sia utilizzata in modo equo.

4. Protezione della privacy: I dati personali utilizzati per addestrare l'AI dovrebbero essere adeguatamente protetti e trattati in conformità con le leggi sulla privacy. Ciò include l'anonimizzazione dei dati quando possibile e il rispetto del consenso informato degli utenti.

5. Educazione e sensibilizzazione: Educare il pubblico sul funzionamento dell'AI, comprese le sue potenzialità e le sue limitazioni, può contribuire a prevenire abusi e discriminazioni. Le organizzazioni possono svolgere un ruolo attivo nella promozione di una maggiore consapevolezza sull'AI.

6. Partecipazione delle parti interessate: Coinvolgere il pubblico, le organizzazioni non governative e le parti interessate nelle discussioni sull'etica dell'AI e nel processo decisionale può portare a migliori politiche e regolamenti che rispecchiano le esigenze e le preoccupazioni delle comunità coinvolte.

7. Responsabilità: Chi sviluppa e utilizza l'AI dovrebbe essere responsabile delle conseguenze delle decisioni prese dagli algoritmi. Questo può richiedere la definizione chiara di linee guida etiche e la creazione di meccanismi di ricorso in caso di decisioni errate o discriminatorie.

8. Ricerca continua: La ricerca scientifica continua è fondamentale per migliorare la comprensione dell'AI e affrontare i suoi rischi in evoluzione. Questo può includere lo sviluppo di nuove tecniche per mitigare i bias negli algoritmi o per garantire una maggiore equità nelle decisioni dell'AI.

Affrontare i rischi associati all'AI richiede un approccio olistico e collaborativo che coinvolga sviluppatori, organizzazioni, governi e il pubblico. L'obiettivo deve essere quello di garantire che l'AI sia uno strumento che migliora la nostra società in modo equo ed etico.

Etica dell'AI: Una discussione sull'etica dell'AI e sui principi che dovrebbero guidare lo sviluppo e l'applicazione dell'AI.

(9.1) È importante sviluppare e utilizzare l'intelligenza artificiale in modo responsabile ed etico.

L'importanza di sviluppare e utilizzare l'intelligenza artificiale (AI) in modo responsabile ed etico non può essere sottolineata abbastanza. L'AI sta diventando sempre più pervasiva nella nostra società e può avere un impatto significativo sulle nostre vite. Per garantire che questo impatto sia positivo, è fondamentale adottare un approccio etico e responsabile nell'uso dell'AI. Di seguito sono riportati alcuni dei principi chiave che dovrebbero guidare lo sviluppo e l'applicazione dell'AI:

1. **Trasparenza:** Le organizzazioni e gli sviluppatori devono essere trasparenti riguardo a come l'AI prende decisioni e su quali dati vengono utilizzati. Gli algoritmi e le logiche devono essere comprensibili e spiegabili.

2. **Equità:** L'AI non deve discriminare o favorire alcun gruppo di individui sulla base di razza, genere, etnia, religione o altre caratteristiche personali. Gli algoritmi dovrebbero essere sviluppati per garantire l'equità nelle decisioni.

3. **Privacy dei dati:** La privacy dei dati degli utenti deve essere rigorosamente protetta. Le organizzazioni devono rispettare le leggi sulla privacy e ottenere il consenso informato degli utenti quando si tratta di dati personali.

4. **Responsabilità:** Chi sviluppa e utilizza l'AI deve essere responsabile delle conseguenze delle decisioni prese dagli algoritmi. Dovrebbero essere definiti chiari meccanismi di ricorso in caso di decisioni errate o discriminatorie.

5. **Sicurezza:** L'AI deve essere sviluppata con un focus sulla sicurezza. Gli sviluppatori devono prevenire l'uso malevolo dell'AI e proteggerla da vulnerabilità e attacchi.

6. **Coinvolgimento delle parti interessate:** È importante coinvolgere il pubblico, le organizzazioni non governative, i governi e altre parti interessate nelle discussioni sull'etica dell'AI. Questo assicura che le decisioni siano prese in modo più inclusivo e riflettano le diverse prospettive.

7. **Ricerca etica:** La ricerca sull'AI dovrebbe essere guidata da principi etici. Gli scienziati e gli sviluppatori dovrebbero evitare la ricerca che possa portare a risultati dannosi o inappropriati.

8. **Formazione ed educazione:** L'educazione sull'AI dovrebbe essere diffusa tra gli sviluppatori, gli utenti e il pubblico in generale. Questo aiuta a creare una maggiore consapevolezza e comprensione delle implicazioni etiche dell'AI.

9. **Aggiornamenti e miglioramenti continui:** Gli algoritmi e i sistemi di AI dovrebbero essere soggetti a aggiornamenti e

miglioramenti continui per affrontare nuove sfide etiche e tecnologiche.

10.   Regolamentazione appropriata: I governi dovrebbero adottare regolamenti appropriati per garantire che l'AI sia utilizzata in modo etico e responsabile, soprattutto in settori sensibili come la sanità e la sicurezza.

Sviluppare e utilizzare l'AI in modo etico è essenziale per massimizzarne i benefici e minimizzarne i rischi. Questi principi etici dovrebbero essere parte integrante del processo di sviluppo e applicazione dell'AI, aiutando così a costruire un futuro in cui questa tecnologia possa migliorare la vita delle persone in modo equo ed equo.

(9.2) Alcuni dei principi chiave che dovrebbero guidare lo sviluppo e l'applicazione dell'intelligenza artificiale includono la trasparenza, la responsabilità, l'equità e la sicurezza.

Etica nell'Intelligenza Artificiale: Principi Chiave per lo Sviluppo e l'Applicazione Responsabile

L'intelligenza artificiale (AI) è una tecnologia in rapida crescita che sta trasformando molteplici settori della società.

Tuttavia, insieme alle sue potenzialità, l'AI presenta anche sfide etiche significative. Affinché l'AI sia sviluppata e utilizzata in modo responsabile, è essenziale aderire a una serie di principi etici fondamentali. In questo articolo, esploreremo i principi chiave che dovrebbero guidare il processo di sviluppo e applicazione dell'AI.

1. Trasparenza

La trasparenza riguarda la chiara comunicazione di come gli algoritmi di intelligenza artificiale prendono decisioni. Gli sviluppatori di AI dovrebbero essere in grado di spiegare come funzionano i loro sistemi e quali dati vengono utilizzati per l'addestramento.

La trasparenza è fondamentale per la comprensione dell'AI da parte del pubblico e per la costruzione della fiducia.

2. Responsabilità

Chi sviluppa e utilizza l'AI deve assumersi la responsabilità delle decisioni prese dagli algoritmi. Questo include la creazione di meccanismi di ricorso per le situazioni in cui l'AI prende decisioni errate o dannose. La responsabilità è essenziale per garantire che l'AI sia utilizzata in modo sicuro ed etico.

3. Equità

L'AI non dovrebbe discriminare o favorire alcun gruppo di individui sulla base di caratteristiche personali come la razza, il genere o l'etnia. Gli algoritmi devono essere sviluppati in modo da garantire l'equità nelle decisioni. L'equità nell'AI è cruciale per evitare ulteriori disparità sociali.

4. Sicurezza

La sicurezza dell'AI è di primaria importanza, soprattutto quando si tratta di sistemi critici per la sicurezza, come quelli utilizzati nell'industria dell'energia o della salute. Gli sviluppatori devono proteggere l'AI da vulnerabilità e da possibili attacchi malevoli.

5. Privacy dei Dati

La privacy dei dati degli utenti deve essere rigorosamente rispettata. Le organizzazioni devono conformarsi alle leggi sulla privacy e ottenere il consenso informato degli utenti quando si tratta di dati personali. La protezione della privacy è fondamentale per garantire la fiducia del pubblico nell'AI.

6. Coinvolgimento delle Parti Interessate

Le decisioni sull'etica dell'AI dovrebbero coinvolgere il pubblico, le organizzazioni non governative, i governi e altre parti interessate. Questo processo inclusivo assicura che le decisioni etiche riflettano una gamma diversificata di prospettive.

7. Formazione ed Educazione

L'educazione sull'AI dovrebbe essere diffusa tra gli sviluppatori, gli utenti e il pubblico in generale. Una maggiore consapevolezza e comprensione delle implicazioni etiche dell'AI contribuiscono a un utilizzo più responsabile.

8. Aggiornamenti e Miglioramenti Continui

Gli algoritmi e i sistemi di AI dovrebbero essere soggetti a aggiornamenti e miglioramenti continui. Questo è essenziale per affrontare nuove sfide etiche e tecnologiche che possono emergere nel tempo.

9. Regolamentazione Appropriata

I governi dovrebbero adottare regolamenti appropriati per garantire che l'AI sia utilizzata in modo etico e responsabile. Questa regolamentazione dovrebbe essere flessibile e adattabile al progresso tecnologico.

In conclusione, l'etica nell'intelligenza artificiale è un elemento cruciale per il suo sviluppo e utilizzo responsabile. L'aderenza a questi principi etici contribuirà a massimizzare i benefici dell'AI, riducendo al contempo i rischi e le potenziali conseguenze negative.

La comunità globale deve lavorare insieme per garantire che l'AI sia un motore di progresso positivo per l'umanità.

(9.3) Coinvolgimento delle Parti Interessate nell'Etica dell'Intelligenza Artificiale

Un aspetto cruciale dell'etica nell'intelligenza artificiale è il coinvolgimento attivo e significativo di tutte le parti interessate nel processo di sviluppo e applicazione dell'IA.

Questo coinvolgimento non riguarda solo gli sviluppatori e le aziende tecnologiche, ma anche i cittadini, i governi, le organizzazioni non governative (ONG), gli esperti in etica, e molte altre figure chiave.

Coinvolgimento dei Cittadini: Gli utenti finali dell'IA, ovvero i cittadini comuni, devono essere informati in modo chiaro e accessibile sul funzionamento dell'IA e sui principi etici adottati.

Le loro opinioni e le loro preoccupazioni dovrebbero essere ascoltate e considerate nella fase di sviluppo e nelle decisioni sull'implementazione dell'IA.

Coinvolgimento dei Governi: I governi svolgono un ruolo essenziale nella creazione di regolamenti e politiche che guidano l'uso responsabile dell'IA. Dovrebbero lavorare in collaborazione con gli esperti di etica e tecnologia per sviluppare leggi e normative che garantiscano l'etica nell'IA, evitando l'abuso e la discriminazione.

Coinvolgimento delle ONG e degli Esperti: Le organizzazioni non governative e gli esperti indipendenti in etica, diritti umani e tecnologia svolgono un ruolo fondamentale nel valutare e monitorare l'impatto dell'IA sulla società.

Il loro coinvolgimento contribuisce a garantire una visione critica e imparziale del progresso tecnologico.

Collaborazione tra Settori: L'etica dell'IA richiede una collaborazione stretta tra diversi settori, tra cui il mondo accademico, l'industria, la società civile e i governi.

Questa collaborazione promuove una comprensione più completa delle implicazioni etiche dell'IA e favorisce l'adozione di approcci etici coerenti.

Trasparenza e Partecipazione Attiva: Le aziende tecnologiche dovrebbero impegnarsi attivamente nella condivisione di informazioni sulle loro pratiche etiche e dovrebbero essere trasparenti riguardo alle decisioni prese in merito all'IA. Inoltre, dovrebbero aprire canali di dialogo con il pubblico e le parti interessate per ascoltare le preoccupazioni e le critiche.

In ultima analisi, l'etica nell'IA richiede un approccio collaborativo che coinvolga tutte le parti interessate nella definizione delle linee guida e dei principi etici. Questo impegno collettivo è essenziale per garantire che l'IA sia sviluppata e utilizzata per il bene comune, rispettando i valori e i diritti fondamentali di tutte le persone.

Conclusione: Una discussione sulle prospettive future dell'AI.

(10.1) L'intelligenza artificiale è una tecnologia in rapida evoluzione che ha il potenziale di trasformare il mondo.

L'Impatto Trasformativo dell'Intelligenza Artificiale
L'intelligenza artificiale (IA) è senza dubbio una delle tecnologie più rivoluzionarie del nostro tempo.
La sua natura in continua evoluzione e la sua capacità di apprendere, adattarsi e risolvere complessi problemi la rendono una forza catalizzatrice per il cambiamento in una vasta gamma di settori. Questo impatto trasformativo può essere suddiviso in diverse sfere chiave:
1. Cambiamenti nell'Economia: L'IA sta già rivoluzionando il mondo economico. Imprese di tutto il mondo stanno utilizzando l'IA per migliorare l'efficienza operativa, aumentare la produttività e scoprire nuove opportunità di mercato. Allo stesso tempo, sta emergendo un nuovo panorama occupazionale con nuovi ruoli legati all'IA, creando sia sfide che opportunità per la forza lavoro globale.

2. Sanità e Scienze della Vita: L'applicazione dell'IA nella medicina e nelle scienze della vita sta accelerando la ricerca, la diagnosi e il trattamento delle malattie. Dalle diagnosi più precise alla scoperta di nuovi farmaci, l'IA promette di migliorare la qualità della vita e di estendere l'aspettativa di vita umana.

3. Trasformazione dell'Industria: Settori come la produzione, la logistica e la gestione delle risorse stanno vedendo un profondo cambiamento grazie all'IA. Le fabbriche intelligenti e le catene di approvvigionamento basate sull'IA stanno diventando la norma, consentendo una produzione più efficiente, meno sprechi e una maggiore personalizzazione dei prodotti.

4. Sicurezza e Difesa: L'IA sta giocando un ruolo sempre più importante nella sicurezza e nella difesa. Dai sistemi di sorveglianza avanzati alle tecnologie di cybersecurity, l'IA è fondamentale per proteggere le nazioni e le infrastrutture critiche da minacce sempre più sofisticate.

5. Miglioramento della Qualità della Vita: L'IA è in grado di migliorare la qualità della vita quotidiana in modi tangibili. Assistenza sanitaria personalizzata, mobilità intelligente, assistenti virtuali e case intelligenti sono solo alcune delle applicazioni che rendono la vita più comoda e accessibile.

6. Comprensione e Preservazione dell'Ambiente: L'IA può svolgere un ruolo fondamentale nella comprensione e nella gestione dei cambiamenti climatici, contribuendo a raccogliere, analizzare e interpretare dati ambientali su larga scala. Ciò può aiutare a sviluppare soluzioni sostenibili per preservare il nostro pianeta.

Tuttavia, con il grande potenziale dell'IA emergono anche nuove sfide etiche, sociali e politiche. È fondamentale affrontare queste sfide con responsabilità e saggezza, garantendo che l'IA sia sviluppata e utilizzata per il bene comune e nel rispetto dei valori fondamentali dell'umanità. La sfida sta nel massimizzare i benefici di questa straordinaria tecnologia, mitigando al contempo i rischi e le disuguaglianze che potrebbero sorgere. L'intelligenza artificiale sta plasmando il nostro futuro, e il nostro compito è assicurare che questo futuro sia equo, inclusivo e sostenibile per tutti.

(10.2) È importante investire nello sviluppo di un'intelligenza artificiale sicura, etica e responsabile.

Investire nell'Intelligenza Artificiale Sicura, Etica e Responsabile L'investimento nell'intelligenza artificiale (IA) rappresenta una delle scelte più importanti che la società moderna deve affrontare. L'IA offre promesse straordinarie in termini di innovazione, efficienza e miglioramento della qualità della vita, ma allo stesso tempo presenta nuove sfide e responsabilità. Qui esploreremo l'importanza di investire nell'IA sicura, etica e responsabile:
1. Sicurezza e Privacy: L'IA è sempre più presente nella nostra vita quotidiana, dai dispositivi intelligenti agli algoritmi che prendono decisioni critiche. Garantire che questi sistemi siano sicuri è fondamentale per proteggere gli individui e le organizzazioni da

potenziali minacce informatiche e violazioni della privacy. Gli investimenti in cybersecurity e nella progettazione di sistemi resilienti sono cruciali per mitigare questi rischi.

2. Etica e Trasparenza: L'IA può amplificare bias e disuguaglianze presenti nei dati e nei modelli su cui si basa. Investire in ricerca e sviluppo per ridurre i bias al minimo, rendere i sistemi di IA trasparenti e responsabili è fondamentale per garantire un trattamento equo e etico per tutti.

3. Educazione e Formazione: L'adozione diffusa dell'IA richiede una forza lavoro preparata. Investire nell'educazione e nella formazione per sviluppatori, ricercatori e professionisti in modo che possano comprendere appieno i principi etici e responsabili dell'IA è essenziale per garantire un utilizzo corretto di questa tecnologia.

4. Normative e Regolamentazioni: I governi e le organizzazioni devono investire risorse nella definizione di normative e regolamentazioni chiare per guidare lo sviluppo e l'uso dell'IA. Questi regolamenti devono bilanciare l'innovazione con la protezione degli interessi pubblici e la tutela dei diritti individuali.

5. Responsabilità Sociale: L'IA ha il potenziale di causare perturbazioni significative sul fronte dell'occupazione. Investire in programmi di riqualificazione e nell'identificazione di nuove opportunità occupazionali all'interno del settore dell'IA è fondamentale per mitigare gli impatti negativi sulla forza lavoro.

6. Collaborazione Internazionale: L'IA è una sfida globale che richiede una risposta globale. Investire nella collaborazione internazionale e nello scambio di conoscenze e risorse è essenziale

per affrontare le questioni transfrontaliere legate all'IA, come la cybersecurity e l'etica.

7. Ricerca e Innovazione: Gli investimenti nella ricerca e nell'innovazione sono fondamentali per spingere avanti i confini dell'IA in modo responsabile. Questi sforzi dovrebbero mirare a sviluppare nuovi approcci per affrontare le sfide etiche, la sicurezza e la privacy legate all'IA.

In sintesi, investire nell'IA sicura, etica e responsabile è un imperativo morale e strategico. Questa tecnologia sta diventando parte integrante della nostra società e deve essere sviluppata e utilizzata per il bene comune. Gli investimenti odierni plasmeranno il futuro dell'IA e avranno un impatto duraturo sulla nostra società e sulla nostra civiltà. La scelta è nostra: come investitori nell'IA, dobbiamo garantire che questa tecnologia serva a migliorare la vita umana e a promuovere valori fondamentali come l'equità, la responsabilità e la sicurezza.

(10.3) Dobbiamo anche prepararci per i cambiamenti che l'intelligenza artificiale porterà alla nostra società e ai nostri posti di lavoro.

Prepararsi per il Futuro con l'Intelligenza Artificiale
L'intelligenza artificiale (IA) è una forza inarrestabile che sta trasformando la società in modi mai visti prima. Il futuro con l'IA è

promettente, ma comporta anche una serie di cambiamenti e sfide che richiedono preparazione e adattamento. In questo contesto, è essenziale prendere in considerazione alcune questioni fondamentali:

1. Impatto sul Lavoro: L'IA sta già cambiando il mondo del lavoro. Molti compiti manuali e rutinari sono ora automatizzati, il che ha conseguenze per diverse professioni. È importante prepararsi a una transizione verso lavori più adatti all'era dell'IA, come quelli che richiedono pensiero critico, creatività e competenze tecnologiche avanzate.

2. Formazione e Istruzione: La formazione continua diventa cruciale. Gli individui dovrebbero investire nel miglioramento delle loro competenze, acquisendo conoscenze tecnologiche e competenze trasversali come la risoluzione dei problemi, la comunicazione e la collaborazione.

3. Etica e Normative: L'IA solleva importanti questioni etiche, tra cui la sicurezza dei dati, la privacy e l'equità. I governi e le organizzazioni devono prepararsi a sviluppare normative e regolamenti adatti a un mondo sempre più dominato dall'IA.

4. Nuove Opportunità: L'IA porta con sé opportunità innovative. L'identificazione di nuovi settori di crescita, come l'IA etica, la sicurezza cibernetica e la gestione dei dati, può preparare un individuo o un'organizzazione a prosperare nell'era dell'IA.

5. Integrazione Sociale: Dobbiamo prepararci ad affrontare le sfide sociali associate all'IA. Ciò include l'equità nell'accesso all'IA, il

sostegno ai lavoratori colpiti dall'automazione e la comprensione di come l'IA possa influenzare le disuguaglianze.

6. Ricerca e Innovazione: Gli investimenti in ricerca e innovazione nell'IA sono fondamentali per mantenere la competitività globale. La creazione di ecosistemi di innovazione può accelerare la creazione e l'adozione di soluzioni basate sull'IA.

7. Collaborazione: Il futuro con l'IA richiede una collaborazione tra diverse parti interessate: governi, imprese, accademici e cittadini. Solo lavorando insieme possiamo affrontare con successo le sfide e sfruttare le opportunità dell'IA.

8. Preparazione Emotiva: La transizione verso un futuro dominato dall'IA può generare ansia e incertezza. La preparazione emotiva e la gestione dello stress diventano quindi importanti. La resilienza e l'adattabilità saranno competenze chiave.

9. Trasparenza e Comunicazione: Gli sviluppatori e le organizzazioni che lavorano con l'IA devono impegnarsi nella trasparenza e nella comunicazione aperta con il pubblico. Questo contribuirà a costruire fiducia e ad affrontare preoccupazioni legate all'IA.

10. Pianificazione a Lungo Termine: La preparazione per il futuro con l'IA richiede una pianificazione a lungo termine. Gli individui, le organizzazioni e i governi devono sviluppare strategie di adattamento e crescita che considerino l'impatto a lungo termine dell'IA.

In sintesi, il futuro con l'IA offre opportunità entusiasmanti, ma richiede anche una preparazione attenta e una risposta proattiva alle sfide. Solo affrontando questi cambiamenti con determinazione e lungimiranza possiamo plasmare un futuro migliore per tutti nella società dell'IA. La chiave è l'adattamento e la preparazione per una nuova era di innovazione tecnologica.

Capitolo 2

Realtà Virtuale (VR) e Realtà Aumentata (AR) - Sommario dei Capitoli

Introduzione a VR e AR

(1.1) **Prima di immergerci in questo affascinante mondo, è fondamentale comprendere la distinzione tra Realtà Virtuale (VR) e Realtà Aumentata (AR).**

Esplorando la Differenza tra Realtà Virtuale (VR) e Realtà Aumentata (AR)

Prima di addentrarci nell'affascinante mondo della Realtà Virtuale (VR) e della Realtà Aumentata (AR), è essenziale gettare le basi comprese una distinzione chiara tra questi due concetti innovativi.

Sebbene possano sembrare simili, offrono esperienze radicalmente diverse, ciascuna con il proprio fascino e applicazioni uniche.

Realtà Virtuale (VR)

La Realtà Virtuale è un ambiente completamente immersivo creato artificialmente. Gli utenti indossano visori o dispositivi VR che bloccano completamente la loro visione dell'ambiente circostante e li trasportano in un mondo digitale.

Questo ambiente virtuale è solitamente generato da un computer tramite una combinazione di grafica avanzata, suoni e interazioni sensoriali.

Uno degli aspetti più distintivi della Realtà Virtuale è la sua capacità di creare esperienze coinvolgenti e immersive.

Gli utenti possono trovarsi in mondi fantastici, esplorare luoghi inaccessibili nel mondo reale o partecipare a addestramenti realistici in un ambiente sicuro e controllato.

La Realtà Virtuale trova applicazioni in settori come il gaming, l'addestramento professionale, la terapia fisica e la progettazione architettonica.

Realtà Aumentata (AR)

Al contrario, la Realtà Aumentata è un'esperienza in cui gli elementi digitali sono sovrapposti al mondo reale. Gli utenti vedono ancora l'ambiente fisico che li circonda, ma con l'aggiunta di elementi digitali come oggetti virtuali, dati informativi o effetti interattivi. Questa sovrapposizione può avvenire tramite visori AR, smartphone, tablet o occhiali AR.

Un esempio comune di Realtà Aumentata è l'uso di applicazioni di navigazione che sovrappongono le indicazioni stradali alla vista della strada attraverso la fotocamera del telefono.

Altre applicazioni includono giochi che portano personaggi virtuali nel mondo reale, consentendo agli utenti di interagire con loro attraverso i loro dispositivi mobili, e applicazioni di apprendimento che forniscono informazioni contestuali in tempo reale su oggetti o luoghi.

Le Differenze Chiave tra VR e AR

La principale differenza tra VR e AR è il livello di immersione e la relazione con l'ambiente circostante.

La Realtà Virtuale separa completamente l'utente dalla realtà fisica, trasportandolo in un mondo virtuale, mentre la Realtà Aumentata mantiene l'utente nella realtà fisica ma aggiunge elementi digitali ad essa.

La scelta tra VR e AR dipende dall'obiettivo dell'applicazione e dalla tipologia di esperienza desiderata.

In sintesi, mentre la Realtà Virtuale ci immerge completamente in mondi virtuali straordinari, la Realtà Aumentata arricchisce il nostro mondo reale con informazioni e interazioni digitali.

Queste tecnologie stanno rapidamente cambiando il modo in cui viviamo, lavoriamo e apprendiamo, promettendo un futuro ricco di innovazioni e esperienze sempre più coinvolgenti.

(1.2) Evoluzione e sviluppo di VR e AR.

Evoluzione e Sviluppo di Realtà Virtuale (VR) e Realtà Aumentata (AR)

Per comprendere appieno l'entusiasmante mondo di Realtà Virtuale (VR) e Realtà Aumentata (AR), è essenziale esaminare la loro evoluzione e il loro sviluppo nel corso del tempo.

Queste tecnologie hanno attraversato una notevole crescita e trasformazione, trasportandoci dal campo della fantascienza alla realtà quotidiana.

Origini della Realtà Virtuale (VR)

La Realtà Virtuale trova le sue radici nei laboratori di ricerca e sviluppo degli anni '60 e '70. Tuttavia, è stato solo nel 1980 che il termine "Realtà Virtuale" è stato coniato da Jaron Lanier, uno dei pionieri di questa tecnologia. Inizialmente, la VR era utilizzata principalmente per applicazioni militari e scientifiche, ma ha iniziato a entrare nel mondo del divertimento e del gaming negli anni '90.

L'introduzione di visori VR come il famoso Virtual Boy della Nintendo ha suscitato l'interesse del pubblico.

Negli ultimi anni, la VR ha subito un rinnovato interesse grazie a dispositivi come l'Oculus Rift e il PlayStation VR, che offrono esperienze di gioco immersivo e applicazioni in settori come la formazione, la simulazione e la terapia.

Lo Sviluppo della Realtà Aumentata (AR)

La Realtà Aumentata ha radici ancora più antiche, risalenti agli anni '60 con lo sviluppo del primo sistema head-up display (HUD) per i piloti.

Tuttavia, la vera svolta per la AR è arrivata con l'avvento degli smartphone e dei tablet, che hanno permesso di portare l'AR direttamente nelle mani delle persone attraverso applicazioni come Pokémon GO, che hanno catturato l'attenzione del mondo intero nel 2016.
Oggi, la Realtà Aumentata si sta espandendo rapidamente in una varietà di settori, inclusi giochi, pubblicità, apprendimento e assistenza sanitaria.

Gli occhiali AR, come Google Glass e Microsoft HoloLens, stanno aprendo nuove possibilità per applicazioni più avanzate, consentendo agli utenti di interagire con il mondo digitale in modo più intuitivo.

Le Tendenze Future

Mentre la VR e la AR continuano a evolversi, si prevede che le due tecnologie convergeranno sempre di più in un'unica esperienza nota come Mixed Reality (MR). Questa fusione promette di combinare il meglio di entrambi i mondi, consentendo agli utenti di interagire sia con ambienti virtuali completamente immersivi che con oggetti digitali sovrapposti al mondo reale.

Inoltre, ci sono enormi opportunità di crescita in settori come la formazione, la salute, la progettazione industriale e l'intrattenimento. La VR e la AR stanno ridefinendo la nostra percezione della realtà e stanno creando nuove modalità di comunicazione e apprendimento.

In conclusione, la Realtà Virtuale e la Realtà Aumentata sono passate da concetti futuristici a tecnologie di uso comune. Il loro sviluppo continuo ci promette un futuro in cui le esperienze digitali saranno ancora più integrate nella nostra vita quotidiana, offrendo infinite opportunità e sfide interessanti.

(1.3) Scopi e applicazioni di VR e AR.

Scopi e Applicazioni di Realtà Virtuale (VR) e Realtà Aumentata (AR)

Le Realtà Virtuale (VR) e Aumentata (AR) sono tecnologie versatili che hanno una vasta gamma di scopi e applicazioni in diversi settori. Esploriamo come queste tecnologie stanno trasformando il modo in cui interagiamo con il mondo digitale e reale.

Settore del Gioco e dell'Intrattenimento

Una delle applicazioni più evidenti della VR è nel settore del gioco e dell'intrattenimento.

I visori VR offrono esperienze di gioco completamente immersive in cui i giocatori possono essere trasportati in mondi virtuali. Questa tecnologia ha reso possibile giochi e simulatori più coinvolgenti e realistici. Allo stesso modo, la AR ha aperto nuove opportunità con giochi come Pokémon GO, che permettono di interagire con il mondo reale attraverso elementi digitali sovrapposti.

Formazione e Simulazione

La VR e la AR sono utilizzate per scopi formativi e di simulazione. Ad esempio, i piloti di aerei e astronauti utilizzano simulatori VR per addestrarsi in condizioni sicure e realistiche.

Anche nel settore medico, la VR è utilizzata per simulare procedure chirurgiche e addestrare il personale medico. La AR può fornire informazioni in tempo reale durante l'apprendimento o l'addestramento.

Design e Progettazione

Nel settore del design e della progettazione, la VR e la AR consentono agli architetti, ai designer industriali e ai progettisti di prodotti di visualizzare i loro progetti in modo immersivo. Questo permette di rivedere e migliorare i progetti in un ambiente virtuale prima di passare alla fase di produzione fisica. Le simulazioni VR possono anche aiutare gli ingegneri a identificare potenziali problemi in modo precoce.

Assistenza Medica e Terapia

La VR è utilizzata nell'assistenza medica per trattare disturbi come il disturbo da stress post-traumatico (PTSD) o per aiutare i pazienti a gestire il dolore durante procedure mediche.

La AR può migliorare la navigazione durante le procedure chirurgiche, consentendo ai chirurghi di visualizzare dati importanti direttamente sul campo operatorio.

Settore dell'Intrattenimento e delle Arti

Nel mondo dell'arte e dell'intrattenimento, la VR è utilizzata per creare esperienze artistiche immersiva, dai film ai concerti virtuali. La AR può arricchire le visite a musei o mostre con informazioni aggiuntive sulle opere d'arte o sugli oggetti esposti.

Settore dell'Industria e della Produzione

Nel settore industriale, la VR e la AR possono migliorare la progettazione di prodotti, la formazione degli operatori e la manutenzione delle macchine. I lavoratori possono utilizzare occhiali AR per accedere a istruzioni o schemi direttamente sul campo.

Comunicazione e Collaborazione

La VR e la AR stanno anche cambiando il modo in cui le persone comunicano e collaborano.

Le videochiamate AR possono consentire agli utenti di condividere informazioni visive in tempo reale, rendendo le discussioni più efficaci. Inoltre, la collaborazione in ambienti VR condivisi sta diventando sempre più comune, consentendo a team distribuiti di lavorare insieme in un ambiente virtuale.

In sintesi, la Realtà Virtuale e la Realtà Aumentata sono tecnologie in continua espansione che stanno rivoluzionando numerosi settori. Offrono opportunità di miglioramento nelle esperienze di gioco, nella formazione, nel design, nell'assistenza medica, nell'intrattenimento e molto altro. Queste tecnologie promettono di trasformare il nostro modo di interagire con il mondo digitale e reale, aprendo nuove frontiere di possibilità e innovazione.

Tecnologie Chiave di VR e AR

(2.1) Hardware e dispositivi per VR.

Hardware e Dispositivi per Realtà Virtuale (VR)

La Realtà Virtuale (VR) è una tecnologia che consente agli utenti di immergersi in mondi virtuali, offrendo esperienze visive e sensoriali coinvolgenti.

Per rendere possibile questa immersione, è necessario un insieme di hardware e dispositivi avanzati. In questo capitolo, esploreremo i componenti chiave che consentono l'esperienza VR.

Visore VR

Il componente principale di qualsiasi sistema VR è il visore VR, anche noto come headset. Questo dispositivo indossabile copre gli occhi dell'utente e proietta immagini o video a 360 gradi. Esistono due tipi principali di visori VR:

1. Visori PC VR: Questi visori sono progettati per essere utilizzati con computer potenti. Sono dotati di schermi di alta qualità e sensori di tracciamento precisi. Esempi noti includono l'Oculus Rift e l'HTC Vive.

2. Visori Standalone VR: Questi visori non richiedono un computer esterno e sono autonomi. Tuttavia, possono avere prestazioni leggermente inferiori rispetto ai visori PC VR. Un esempio è l'Oculus Quest.

I visori VR possono variare anche per la qualità degli schermi, la frequenza di aggiornamento e la qualità dell'audio.

Alcuni visori offrono funzionalità aggiuntive, come il tracciamento del movimento delle mani.

Sensori di Tracciamento

Per rendere l'esperienza VR il più realistica possibile, è necessario tracciare il movimento della testa e delle mani dell'utente. Questo è possibile grazie a sensori di tracciamento, che possono essere incorporati nel visore stesso o posizionati nell'ambiente circostante.

1. Sensori all'interno del visore: Alcuni visori VR sono dotati di sensori di tracciamento incorporati, come accelerometri e giroscopi, che monitorano i movimenti della testa dell'utente. Questi sensori consentono di guardare in giro nell'ambiente virtuale semplicemente muovendo la testa.

2. Sensori esterni: Alcuni sistemi VR utilizzano sensori esterni, come telecamere o sensori a infrarossi, per monitorare il movimento del visore e delle mani. Questo consente un tracciamento più preciso e ampio, ma richiede l'installazione di hardware aggiuntivo nell'ambiente.

Controller VR

Per interagire con l'ambiente virtuale, gli utenti utilizzano controller specifici per la VR. Questi dispositivi sono progettati per simulare le mani dell'utente nell'ambiente virtuale. Possono avere pulsanti, grilletti, sensori di movimento e feedback tattile. I controller VR consentono di toccare, afferrare e interagire con oggetti virtuali.

Computer o Console

Nei visori PC VR, è necessario un computer potente per eseguire applicazioni VR. Questi computer devono avere schede grafiche di fascia alta, processori veloci e molta memoria RAM per garantire prestazioni fluide e immersive.

Audio VR

L'audio è un componente cruciale dell'esperienza VR. Molti visori VR includono cuffie integrate o offrono supporto per cuffie esterne.

L'audio posizionale può contribuire a creare un senso di immersione, consentendo agli utenti di percepire suoni provenienti da diverse direzioni nell'ambiente virtuale.

In sintesi, la Realtà Virtuale è resa possibile da una combinazione complessa di hardware e dispositivi avanzati. I visori VR, i sensori di tracciamento, i controller, i computer e l'audio lavorano insieme per offrire esperienze coinvolgenti e immersive.

La continua evoluzione di questi componenti sta contribuendo a portare la VR a nuovi livelli di realismo e accessibilità.

(2.2) Hardware e dispositivi per AR.

Hardware e Dispositivi per Realtà Aumentata (AR)

La Realtà Aumentata (AR) è una tecnologia che sovrappone elementi digitali al mondo reale, creando un'esperienza ibrida e interattiva. Per realizzare questa sovrapposizione tra mondo fisico e digitale, è necessario un insieme di hardware e dispositivi appositamente progettati.

In questo capitolo, esploreremo i principali componenti che rendono possibile l'esperienza AR.

Smartphone e Tablet

Uno dei modi più comuni per sperimentare la Realtà Aumentata è attraverso smartphone e tablet.

Questi dispositivi sono dotati di fotocamere e schermi che consentono agli utenti di visualizzare il mondo reale attraverso l'obiettivo della fotocamera e sovrapporre elementi digitali, come immagini, video o informazioni, direttamente sullo schermo. Applicazioni AR popolari, come Pokémon GO, Snapchat e IKEA Place, utilizzano gli smartphone per offrire esperienze AR.

Occhiali AR

Gli occhiali AR sono dispositivi progettati specificamente per fornire esperienze di Realtà Aumentata più immersive.

Questi occhiali dispongono di lenti trasparenti o proiettori che sovrappongono informazioni digitali al campo visivo dell'utente. Tra i principali esempi di occhiali AR troviamo:

1. Google Glass: Uno dei primi esempi di occhiali AR, Google Glass, offre una visualizzazione a schermo parziale che mostra informazioni come notifiche e mappe mentre si guarda attraverso le lenti.

2. Microsoft HoloLens: HoloLens è un dispositivo AR avanzato che fornisce una visualizzazione olografica 3D nel mondo reale. È utilizzato in ambiti professionali, come la progettazione e l'addestramento.

3. Occhiali AR per il consumo: Vari produttori stanno sviluppando occhiali AR destinati al mercato di massa. Questi dispositivi offrono esperienze AR più accessibili e versatili.

Sensori di Tracciamento

Per creare esperienze AR precise e interattive, sono necessari sensori di tracciamento per monitorare la posizione e l'orientamento dell'utente. Questi sensori includono:

1. Sensori di posizione: GPS e sensori di localizzazione indoor consentono di determinare la posizione dell'utente nello spazio.

2. Sensori di movimento: Giroscopi e accelerometri rilevano il movimento e l'orientamento del dispositivo AR o del telefono.

3. Fotocamere: Le fotocamere sono fondamentali per acquisire il mondo reale e sovrapporvi gli elementi digitali.

Processori

La Realtà Aumentata richiede elaborazioni rapide dei dati provenienti dai sensori e dalla fotocamera per fornire un'esperienza fluida.

I processori ad alte prestazioni, come i chip Snapdragon di Qualcomm, sono spesso utilizzati nei dispositivi AR per gestire queste elaborazioni in tempo reale.

Display e Lenti

La qualità del display o delle lenti è fondamentale per un'esperienza AR chiara e coinvolgente. Le lenti degli occhiali AR devono sovrapporre le informazioni digitali al mondo reale in modo nitido e trasparente.

Interfaccia Utente AR

Un aspetto essenziale dell'AR è l'interfaccia utente. Gli utenti devono poter interagire in modo intuitivo con gli elementi digitali sovrapposti al mondo reale.

Questo può includere comandi vocali, gesti delle mani o l'uso di controller specifici.

In sintesi, la Realtà Aumentata si basa su una combinazione di hardware e dispositivi, tra cui smartphone, occhiali AR, sensori di tracciamento, processori e interfacce utente avanzate. Questi componenti lavorano insieme per offrire esperienze ibride che mescolano il mondo fisico e digitale, aprendo nuove opportunità in settori come il gioco, la formazione, la progettazione e molto altro.

(2.3) Software e piattaforme di sviluppo per VR e AR.

Software e Piattaforme di Sviluppo per Realtà Aumentata (AR) e Realtà Virtuale (VR)

Il successo e la diffusione della Realtà Aumentata (AR) e della Realtà Virtuale (VR) sono fortemente influenzati dal software e dalle piattaforme di sviluppo che consentono la creazione di contenuti e applicazioni immersive.

In questo capitolo, esploreremo alcune delle principali soluzioni software e piattaforme utilizzate nel mondo della AR e VR.

Unity

Unity è una delle piattaforme di sviluppo più ampiamente utilizzate per la creazione di applicazioni e giochi AR e VR. Offre una vasta gamma di strumenti e risorse per gli sviluppatori, consentendo loro di creare ambienti 3D interattivi, animazioni, fisica realistica e molto altro.

Unity supporta numerosi dispositivi AR e VR, rendendolo una scelta popolare per gli sviluppatori che desiderano creare esperienze cross-platform.

Unreal Engine

Unreal Engine, sviluppato da Epic Games, è un'altra potente piattaforma di sviluppo ampiamente utilizzata nell'industria AR e VR. Offre una grafica avanzata e una fisica realistica, ed è noto per la sua capacità di creare ambienti virtuali di alta qualità.

Unreal Engine supporta una vasta gamma di dispositivi AR e VR ed è spesso utilizzato per sviluppare giochi, simulazioni e applicazioni industriali.

ARKit (per iOS) e ARCore (per Android)

ARKit e ARCore sono framework di sviluppo specifici per dispositivi mobili iOS e Android rispettivamente.

Questi framework consentono agli sviluppatori di creare applicazioni AR per smartphone e tablet, sfruttando le capacità di tracciamento del movimento e della posizione di questi dispositivi.

Questi strumenti sono essenziali per la creazione di applicazioni AR su piattaforme mobili.

Vuforia

Vuforia è un framework di sviluppo AR specializzato nella rilevazione e nel tracciamento degli oggetti nel mondo reale.

È spesso utilizzato per applicazioni di realtà aumentata basate sulla marcatura di oggetti, come libri, giocattoli o prodotti. Vuforia è utilizzato in una varietà di settori, dall'educazione al marketing.

ARFoundation

ARFoundation è un framework sviluppato da Unity che consente agli sviluppatori di creare applicazioni AR multi-piattaforma. Questo strumento unifica l'utilizzo di ARKit e ARCore, semplificando lo sviluppo di applicazioni AR che funzionano su dispositivi iOS e Android.

SteamVR

SteamVR è una piattaforma sviluppata da Valve Corporation ed è ampiamente utilizzata per la creazione di esperienze VR su PC. Supporta una varietà di headset VR, tra cui HTC Vive e Oculus Rift. SteamVR offre una serie di strumenti per lo sviluppo di giochi e applicazioni VR.

Oculus Developer Platform

Oculus, una sussidiaria di Facebook, fornisce una piattaforma di sviluppo dedicata per i dispositivi Oculus Rift e Oculus Quest.

Gli sviluppatori possono accedere a risorse, strumenti e documentazione per creare applicazioni VR ottimizzate per gli headset Oculus.

WebVR e WebAR

WebVR e WebAR sono framework che consentono di creare esperienze VR e AR direttamente nel browser web.

Ciò significa che gli utenti possono accedere a contenuti AR e VR senza dover scaricare o installare applicazioni dedicate.

Questi framework stanno diventando sempre più popolari, poiché semplificano l'accesso alle esperienze AR e VR.

In sintesi, le piattaforme e gli strumenti di sviluppo svolgono un ruolo cruciale nella creazione di esperienze AR e VR coinvolgenti.

Gli sviluppatori possono scegliere tra una vasta gamma di soluzioni per creare applicazioni che si adattino alle esigenze specifiche dei loro progetti, contribuendo così a promuovere l'adozione e l'innovazione in questi emozionanti campi della tecnologia.

Realtà Virtuale (VR)

(3.1) Esperienze immersive in VR.

Esperienze Immersive in Realtà Virtuale (VR)

La Realtà Virtuale (VR) offre un mondo di opportunità per esperienze immersive che trasportano gli utenti in mondi virtuali sorprendenti. In questo capitolo, esploreremo alcune delle esperienze immersive più coinvolgenti offerte dalla VR.

1. Giochi VR

I giochi VR rappresentano uno dei settori più popolari e dinamici nell'ambito delle esperienze immersive.

Gli sviluppatori utilizzano la VR per creare giochi che coinvolgono completamente i giocatori, trasportandoli in mondi fantastici, simulazioni realistiche o avventure spaziali.

Gli utenti possono interagire con l'ambiente virtuale utilizzando gesti naturali o controller dedicati, offrendo un livello di coinvolgimento senza precedenti.

2. Esperienze Educative

La VR ha un enorme potenziale nell'ambito dell'istruzione e dell'apprendimento. Le scuole e le istituzioni educative utilizzano la VR per creare simulazioni realistiche, tour virtuali di luoghi storici e lezioni interattive.

Gli studenti possono esplorare il corpo umano in 3D, viaggiare nel sistema solare o immergersi in periodi storici cruciali, rendendo l'apprendimento un'esperienza coinvolgente e memorabile.

3. Applicazioni Mediche e Terapeutiche

La VR è stata utilizzata con successo in campo medico e terapeutico. Gli operatori sanitari utilizzano la VR per simulare interventi chirurgici, consentendo ai chirurghi di praticare procedure complesse in un ambiente virtuale sicuro.

Inoltre, la VR viene utilizzata per la terapia del disturbo da stress post-traumatico (PTSD) e la terapia del dolore, aiutando i pazienti a gestire il disagio attraverso esperienze rilassanti e distrattive.

4. Esperienze di Viaggio Virtuale

La VR offre la possibilità di viaggiare virtualmente in tutto il mondo senza lasciare la propria casa.

Gli utenti possono esplorare i punti di riferimento più iconici, visitare destinazioni esotiche e persino nuotare tra i coralli di una barriera corallina senza dover affrontare lunghi viaggi o rischi per la salute.

Queste esperienze di viaggio virtuale offrono una nuova dimensione al turismo e all'esplorazione globale.

5. Simulazioni di Addestramento

Settori come l'aviazione, l'industria manifatturiera e l'industria energetica utilizzano la VR per l'addestramento dei dipendenti. Le simulazioni virtuali consentono ai lavoratori di acquisire competenze in un ambiente virtuale sicuro, riducendo il rischio di incidenti sul lavoro e migliorando l'efficienza.

Ad esempio, i piloti possono simulare situazioni di emergenza, mentre gli operatori di macchine possono perfezionare le loro abilità senza dover utilizzare attrezzature reali.

6. Spettacoli e Intrattenimento

La VR sta rivoluzionando anche l'industria dell'intrattenimento. Gli spettatori possono partecipare a concerti virtuali, assistere a eventi sportivi in prima fila e addirittura interagire con artisti e performer in modo completamente nuovo.

Questo offre nuove opportunità per gli artisti e le case di produzione di creare esperienze uniche per il loro pubblico.

7. Social VR

Le piattaforme sociali VR stanno emergendo come luoghi virtuali in cui le persone possono incontrarsi, socializzare e collaborare.

Gli utenti possono creare avatar personalizzati e interagire con amici e familiari in mondi virtuali condivisi. Questa tendenza sta ridefinendo il concetto di socializzazione online.

In sintesi, la Realtà Virtuale offre una vasta gamma di esperienze immersive che abbracciano settori come il gioco, l'istruzione, la medicina, il viaggio e l'intrattenimento.

Queste esperienze offrono agli utenti la possibilità di esplorare nuovi mondi, apprendere, interagire e divertirsi in modi mai prima d'ora possibili. La VR sta plasmando il futuro delle esperienze digitali in modi che solo pochi anni fa sembravano fantascientifici.

(3.2) Applicazioni di VR nell'educazione e nell'addestramento.

Applicazioni di VR nell'Educazione e nell'Addestramento

La Realtà Virtuale (VR) ha rivoluzionato il settore dell'educazione e dell'addestramento, offrendo nuovi approcci interattivi ed efficaci per l'apprendimento. In questo capitolo, esploreremo le molteplici applicazioni della VR in questi campi.

1. Simulazioni Educative

La VR consente la creazione di simulazioni educative altamente realistiche. Gli studenti possono esplorare il corpo umano in 3D, viaggiare attraverso l'universo o rivivere eventi storici importanti. Queste simulazioni offrono un'apprendimento coinvolgente e interattivo che va oltre i libri di testo tradizionali.

2. Tour Virtuali Educativi

Con la VR, gli studenti possono fare "viaggi" educativi virtuali in tutto il mondo. Possono visitare antiche civiltà, esplorare ecosistemi unici o immergersi nella cultura di diverse nazioni, il tutto senza lasciare la classe. Questi tour virtuali arricchiscono l'esperienza di apprendimento e lo rendono più accessibile a tutti.

3. Addestramento Medico

Nel settore medico, la VR è utilizzata per l'addestramento di studenti e professionisti della salute. Gli studenti di medicina possono praticare interventi chirurgici in ambienti virtuali prima di passare alla sala operatoria reale. Questo riduce il rischio per i pazienti e migliora le competenze dei futuri medici.

4. Addestramento Industriale

Le aziende utilizzano la VR per l'addestramento dei dipendenti in settori come l'aviazione, la manifattura e l'energia. Gli operatori possono simulare situazioni di emergenza o apprendere a utilizzare macchinari complessi in un ambiente virtuale. Questo riduce il tempo e i costi associati all'addestramento tradizionale.

5. Terapia Virtuale

La VR è diventata una componente efficace della terapia in diversi settori, compresa la riabilitazione fisica e cognitiva. I pazienti possono impegnarsi in attività terapeutiche in un ambiente virtuale divertente, motivante e controllato. Ad esempio, la terapia VR è utilizzata per aiutare i pazienti con disturbo da stress post-traumatico (PTSD) a confrontarsi con le loro paure in modo graduale.

6. Apprendimento Linguistico

Nell'apprendimento delle lingue, la VR offre esperienze linguistiche immersive. Gli studenti possono "viaggiare" in paesi di lingua straniera e interagire con situazioni e personaggi virtuali in quella lingua. Questo favorisce un apprendimento più naturale e un'acquisizione più rapida delle competenze linguistiche.

7. Formazione per le Competenze Sociali

La VR è utilizzata anche per la formazione delle competenze sociali, come la gestione del conflitto e la comunicazione efficace. Gli utenti possono partecipare a simulazioni interattive che li mettono di fronte a situazioni complesse e sfide relazionali.

8. Addestramento Militare e di Sicurezza

Nel settore militare e della sicurezza, la VR è utilizzata per simulare scenari di addestramento realistici, compresi combattimenti, evacuazioni di emergenza e situazioni di crisi. Queste simulazioni preparano il personale a situazioni di vita o di morte in modo sicuro e controllato.

La Realtà Virtuale ha aperto nuove frontiere nell'educazione e nell'addestramento, migliorando l'efficacia e l'esperienza di apprendimento.

La capacità di immergersi in ambienti virtuali realistici e interagire con essi offre opportunità uniche per la formazione e l'istruzione in una vasta gamma di settori.

La VR sta plasmando il futuro dell'apprendimento e dell'addestramento, consentendo agli studenti e ai professionisti di acquisire competenze in modo più coinvolgente ed efficace.

(3.3) Impatto della VR nel settore dell'intrattenimento.

Impatto della VR nel Settore dell'Intrattenimento
La Realtà Virtuale (VR) ha rivoluzionato l'industria dell'intrattenimento, aprendo la porta a esperienze immersive che trasportano gli spettatori in mondi virtuali straordinari. Questo capitolo esplorerà l'impatto della VR nel settore dell'intrattenimento,

evidenziando come questa tecnologia abbia trasformato il modo in cui viviamo e consumiamo il divertimento.

1. Giochi Virtuali

Una delle applicazioni più evidenti della VR è nei videogiochi. La VR offre un'esperienza di gioco completamente nuova, consentendo ai giocatori di immergersi direttamente nei mondi di gioco. Gli utenti possono esplorare ambienti virtuali, interagire con personaggi e oggetti virtuali e vivere avventure come mai prima d'ora. Questa forma di intrattenimento ha reso i giochi più coinvolgenti e immersivi.

2. Film e Contenuti Immersivi

La VR ha introdotto nuovi modi di raccontare storie e creare contenuti multimediali. Gli spettatori possono vivere film e documentari in modo immersivo, guardando in qualsiasi direzione e sentendosi parte dell'azione. Questo ha portato a una nuova era di narrazione cinematografica, in cui il pubblico può esplorare ambienti e seguire la trama in modi personalizzati.

3. Spettacoli Live Virtuali

La VR ha reso possibile partecipare a eventi dal vivo senza dover lasciare casa propria. Concerti, eventi sportivi e spettacoli teatrali possono essere trasportati in realtà virtuali, consentendo al pubblico di assistere agli spettacoli in modo immersivo da qualsiasi parte del mondo. Questa forma di intrattenimento virtuale ha ampliato l'accesso a eventi live a un pubblico globale.

4. Realtà Aumentata nell'Intrattenimento

La Realtà Aumentata (AR) è stata utilizzata per arricchire l'esperienza di intrattenimento in vari modi. Applicazioni AR consentono agli spettatori di puntare i loro dispositivi su poster, locandine o scenari del mondo reale per sbloccare contenuti virtuali, come video promozionali o elementi interattivi.

5. Musei e Esperienze Culturali

La VR è stata adottata nei musei e nelle istituzioni culturali per offrire esperienze educative e coinvolgenti. Gli utenti possono visitare reperti storici, opere d'arte e siti culturali in realtà virtuale, ottenendo una comprensione più approfondita della storia e della cultura.

6. Parchi a Tema Virtuali

Alcuni parchi a tema offrono esperienze VR che aggiungono un livello di immersione ai loro percorsi e attrazioni. Questo consente ai visitatori di vivere avventure uniche e fantasiose.

7. Impatto Sociale ed Economico

L'adozione della VR nell'intrattenimento ha avuto un impatto significativo sull'industria.

Nuove opportunità commerciali sono emerse nella produzione di contenuti VR, nel settore dell'hardware e nelle piattaforme di distribuzione.

Allo stesso tempo, la VR ha portato a nuove sfide legate alla creazione di contenuti, alla gestione della salute e della sicurezza e alla regolamentazione.

La Realtà Virtuale ha aperto nuovi orizzonti nel mondo dell'intrattenimento, ridefinendo il modo in cui il pubblico si diverte e consuma contenuti multimediali.

L'immersione in mondi virtuali ha trasformato giochi, film, spettacoli dal vivo e molte altre forme di intrattenimento.

La continua evoluzione della VR promette di portare ancora più innovazioni in questo settore, rendendo l'intrattenimento sempre più coinvolgente ed emozionante.

Realtà Aumentata (AR)

(4.1) Interazione tra mondo reale e oggetti virtuali.

Interazione tra Mondo Reale e Oggetti Virtuali in Realtà Aumentata (AR)

Uno degli aspetti più affascinanti e rivoluzionari della Realtà Aumentata (AR) è la sua capacità di creare un'interazione sinergica tra il mondo reale e oggetti virtuali.

Questo capitolo esplorerà in dettaglio come la tecnologia AR renda possibile questa forma di interazione, evidenziando le sue applicazioni in vari settori.

1. Visualizzazione di Oggetti Virtuali nel Mondo Reale
In un'applicazione AR tipica, gli utenti possono utilizzare dispositivi come smartphone, occhiali AR o visori per visualizzare oggetti virtuali sovrapposti al mondo reale.

Questi oggetti possono variare da semplici etichette informative a modelli 3D complessi, personaggi animati e molto altro ancora. Questa sovrapposizione crea un'esperienza visiva coinvolgente in cui il mondo reale e quello virtuale si fondono.

2. Riconoscimento e Tracciamento degli Oggetti

Per consentire un'interazione accurata tra il mondo reale e gli oggetti virtuali, i dispositivi AR utilizzano una serie di tecnologie, tra cui il riconoscimento degli oggetti e il tracciamento del movimento. Ciò significa che il dispositivo AR può identificare e seguire gli oggetti del mondo reale, consentendo agli oggetti virtuali di reagire dinamicamente a ciò che accade intorno a loro. Ad esempio, un'app AR potrebbe posizionare in modo intelligente un oggetto virtuale su una superficie piana, come un tavolo, o farlo interagire con oggetti fisici.

3. Applicazioni in Settori Diversi

Le applicazioni della interazione tra mondo reale e oggetti virtuali in AR sono sorprendentemente diverse:

Settore dell'Intrattenimento: Gli sviluppatori di giochi AR creano esperienze coinvolgenti in cui i giocatori possono interagire con creature virtuali nel proprio ambiente. Questo offre un'esperienza di gioco completamente nuova.

Settore dell'Educazione: Nell'ambito dell'istruzione, l'AR consente agli studenti di esplorare oggetti virtuali tridimensionali per comprendere meglio i concetti scientifici complessi o le parti anatomiche.

Settore dell'Arte e della Creatività: Gli artisti possono sfruttare l'AR per creare opere d'arte digitali sovrapposte a spazi fisici. Questo apre nuove possibilità creative.

Settore del Marketing e del Commercio: Le aziende utilizzano l'AR per creare esperienze di shopping virtuali in cui i clienti possono vedere prodotti in modo realistico prima di effettuare un acquisto online.

Settore della Sanità: L'AR può essere utilizzata in applicazioni mediche per la formazione di chirurghi o per la visualizzazione di dati medici complessi.

Settore dell'Architettura e della Progettazione: Gli architetti possono visualizzare modelli 3D dei loro progetti direttamente sul sito di costruzione per una migliore comprensione delle specifiche.

4. Futuro dell'Interazione AR nel Mondo Reale

L'interazione tra mondo reale e oggetti virtuali rappresenta solo l'inizio dell'evoluzione della Realtà Aumentata. Gli sviluppatori stanno lavorando costantemente su nuove tecnologie e applicazioni che renderanno quest'esperienza ancora più avvincente e funzionale.

Con il passare del tempo, ci aspettiamo di vedere la crescita dell'AR in settori sempre più diversificati, portando a un mondo in cui il virtuale e il reale si intrecciano in modi sorprendenti.

(4.2) Applicazioni di AR nella formazione e nell'industria.

Applicazioni di Realtà Aumentata (AR) nella Formazione e nell'Industria

La Realtà Aumentata (AR) ha rivoluzionato sia il settore della formazione che quello industriale, offrendo opportunità uniche per l'apprendimento, la simulazione e l'efficienza delle operazioni. Questo capitolo esplorerà dettagliatamente le molteplici applicazioni dell'AR in questi ambiti.

1. Formazione Avanzata e Apprendimento Immersivo

La tecnologia AR ha trasformato il processo di apprendimento, rendendolo più coinvolgente e interattivo. Ecco alcune applicazioni chiave:

Istruzione: Le scuole e le università utilizzano l'AR per migliorare l'apprendimento. Gli studenti possono esplorare oggetti virtuali in 3D, vedere simulazioni realistiche e partecipare a lezioni interattive.

Addestramento Professionale: Settori come la medicina, l'aviazione e la manifattura utilizzano l'AR per addestrare il personale in modo sicuro ed efficace. Gli operatori possono simulare procedure complesse prima di eseguirle nella realtà.

Formazione Militare: Le forze armate usano l'AR per l'addestramento al combattimento e alla strategia, creando simulazioni di situazioni di combattimento realistiche.

2. Manutenzione e Riparazione

Nell'industria, l'AR è un'importante risorsa per la manutenzione e la riparazione di apparecchiature complesse:

Manutenzione Industriale: Gli operatori possono indossare visori AR che forniscono istruzioni passo-passo direttamente nella loro visuale mentre lavorano su macchinari complessi.

Assistenza Tecnica Remota: I tecnici possono connettersi a distanza con esperti tramite AR. L'esperto vede esattamente ciò che il tecnico sul campo vede e può fornire istruzioni in tempo reale.

3. Progettazione e Prototipazione

Nel settore della progettazione e della produzione, l'AR ha introdotto un nuovo livello di efficienza:

Progettazione 3D: Gli architetti, gli ingegneri e i designer possono visualizzare i loro progetti in 3D in ambienti reali. Questo aiuta a identificare potenziali problemi e miglioramenti.

Prototipazione Virtuale: Le aziende possono creare prototipi virtuali dei loro prodotti, risparmiando tempo e risorse nella fase di sviluppo.

4. Sicurezza sul Lavoro e Gestione dei Rischi

L'AR può contribuire a migliorare la sicurezza sul lavoro e la gestione dei rischi:

Simulazioni di Emergenza: Le aziende possono condurre esercitazioni di evacuazione virtuali per preparare i dipendenti a situazioni di emergenza.

Valutazione dei Rischi: Gli operatori possono utilizzare l'AR per identificare potenziali rischi sul luogo di lavoro e prendere misure preventive.

5. Settore Medico e Sanità

Nel campo medico, l'AR sta portando numerosi vantaggi:

Chirurgia Assistita: I chirurghi possono utilizzare visori AR per accedere a informazioni vitali durante le procedure, migliorando la precisione e la sicurezza.

Rehabilitazione: L'AR è utilizzata per aiutare i pazienti nella riabilitazione, creando esercizi interattivi e coinvolgenti.

6.Futuro dell'AR nell'Industria e nella Formazione

L'AR sta continuando a evolversi e a espandersi in nuovi settori. Con il tempo, ci si aspetta che questa tecnologia diventi ancora più accessibile e onnipresente, cambiando ulteriormente la forma della formazione e dell'industria. La chiave per sfruttare appieno il potenziale dell'AR è l'adozione e l'integrazione strategica in una vasta gamma di applicazioni pratiche.

(4.3) Utilizzo dell'AR nell'assistenza sanitaria e nei servizi.

Utilizzo dell'AR nell'Assistenza Sanitaria e nei Servizi
L'Assistenza Sanitaria e i Servizi stanno vivendo una rivoluzione grazie all'uso della Realtà Aumentata (AR), che offre soluzioni innovative per migliorare la qualità dell'assistenza, semplificare le procedure mediche e arricchire l'esperienza dei pazienti.

1. Chirurgia Assistita da AR

Navigazione Chirurgica: Durante le operazioni, i chirurghi possono utilizzare visori AR per visualizzare immagini e dati anatomici direttamente sul paziente, migliorando la precisione e la sicurezza delle procedure.
Formazione Medica: L'AR è utilizzata per addestrare nuovi chirurghi attraverso simulazioni realistiche e procedure virtuali.

2. Diagnosi e Terapia Personalizzata

Real-Time Imaging: L'AR consente ai medici di visualizzare immagini diagnostiche, come scansioni TC o RM, direttamente sulla superficie del corpo del paziente, facilitando la localizzazione precisa delle condizioni mediche.

Terapia Guidata: I medici possono utilizzare l'AR per guidare le terapie, ad esempio la radioterapia, aumentando l'efficacia e riducendo gli effetti collaterali.

3. Reabilitazione e Terapia Fisica

Esercizi Interattivi: I pazienti possono impegnarsi in esercizi di riabilitazione guidati dall'AR, rendendo il processo più coinvolgente e motivante.

Monitoraggio Remoto: Gli operatori sanitari possono monitorare i progressi dei pazienti a distanza, consentendo una migliore gestione delle cure a lungo termine.

5. Educazione e Consapevolezza del Paziente

Informazione Visiva: L'AR è utilizzata per educare i pazienti riguardo alle loro condizioni mediche, fornendo una rappresentazione visuale chiara e comprensibile.

Realismo Anatomico: I pazienti possono visualizzare i propri organi e i dettagli delle procedure mediche in 3D, migliorando la loro comprensione e la loro fiducia nelle decisioni mediche.

6. Monitoraggio della Salute Personale

Applicazioni per la Salute: Le applicazioni AR consentono agli utenti di monitorare in modo continuo la propria salute, offrendo consigli sulla dieta, l'esercizio fisico e la gestione dello stress.

Realtà Aumentata per Dispositivi Indossabili: Gli occhiali AR e altri dispositivi portatili offrono funzionalità di monitoraggio della salute in tempo reale.

7.Assistenza a Distanza e Telemedicina

Consulti a Distanza: I pazienti possono consultare i medici attraverso videochiamate AR, permettendo diagnosi e prescrizioni da remoto.

Second Opinion: I medici possono richiedere consultazioni da parte di specialisti in tutto il mondo, migliorando la qualità delle diagnosi.

8.Realizzazione di Mappe Anatomiche

Visualizzazione Anatomica 3D: Gli operatori sanitari possono utilizzare l'AR per creare mappe anatomiche 3D dei pazienti, fornendo informazioni dettagliate per la pianificazione chirurgica.

9.Farmacia e Terapia dei Farmaci

Riconoscimento dei Farmaci: Gli utenti possono utilizzare applicazioni AR per identificare i farmaci e ricevere istruzioni sull'assunzione.

Terapia dei Farmaci Basata sull'AR: I medici possono prescrivere terapie farmacologiche basate sulla realtà aumentata, migliorando l'aderenza e la comprensione dei pazienti.

L'AR ha aperto nuove opportunità nell'assistenza sanitaria e nei servizi, migliorando la precisione delle procedure, ottimizzando i processi medici e migliorando l'esperienza dei pazienti. Tuttavia, è essenziale garantire la sicurezza dei dati e l'aderenza alle normative per sfruttare appieno il potenziale di questa tecnologia.

Sinergie tra VR e AR

(5.1) Punti di convergenza tra VR e AR.

Punti di Convergenza tra Realtà Virtuale (VR) e Realtà Aumentata (AR)

Sebbene Realtà Virtuale (VR) e Realtà Aumentata (AR) rappresentino due approcci distinti alla realtà digitale, ci sono alcune aree di convergenza in cui le due tecnologie si sovrappongono, creando spazio per l'innovazione e nuove applicazioni. Ecco alcuni punti chiave di convergenza tra VR e AR:

1. **Visualizzazione 3D Immersiva**

In entrambe le tecnologie, l'elemento centrale è la visualizzazione 3D degli oggetti virtuali. La VR offre esperienze completamente immersive, mentre l'AR sovrappone oggetti virtuali al mondo reale.

2. **Utilizzo di Dispositivi Indossabili**

Sia la VR che l'AR si avvalgono di dispositivi indossabili come visori e occhiali per offrire esperienze coinvolgenti. Ad esempio, visori AR come Microsoft HoloLens offrono funzionalità AR avanzate, mentre visori VR come Oculus Rift creano mondi virtuali completamente separati.

3. **Elementi Interattivi**

Entrambe le tecnologie consentono l'interazione con oggetti virtuali. Nella VR, gli utenti possono manipolare oggetti virtuali in ambienti digitali, mentre nell'AR possono interagire con oggetti virtuali sovrapposti al mondo reale.

4. **Settori Verticali**

VR e AR trovano applicazioni in settori simili, come l'educazione, la formazione, la salute e l'intrattenimento. Ad esempio, entrambe le tecnologie sono utilizzate per la formazione medica avanzata e la simulazione di scenari complessi.

5. Realtà Mista

La Realtà Mista è un concetto che combina elementi di VR e AR. In questo scenario, gli utenti possono interagire con oggetti virtuali che si fondono in modo convincente con il mondo reale. Ad esempio, l'uso di occhiali AR per visualizzare oggetti virtuali nel contesto del mondo reale può essere considerato una forma di Realtà Mista.

6. Sviluppo di Piattaforme

Molte aziende sviluppano piattaforme che supportano sia VR che AR, consentendo agli sviluppatori di creare esperienze cross-reality. Questo apre la strada a soluzioni ibride che sfruttano entrambe le tecnologie.

7. Sperimentazione e Innovazione

La convergenza di VR e AR sta stimolando la sperimentazione e l'innovazione. Gli sviluppatori stanno cercando modi creativi per combinare le due tecnologie e creare esperienze ibride uniche.

8. Futuro del Computing

Alcuni esperti ritengono che la convergenza di VR e AR possa rappresentare il futuro del computing, con un'unica interfaccia che offre sia esperienze virtuali che aumentate.

Questo potrebbe avere profonde implicazioni per come interagiamo con il mondo digitale.

In sintesi, mentre la VR e l'AR rimangono tecnologie distinte, i punti di convergenza tra di loro promettono di aprire nuove possibilità per esperienze digitali immersive e innovative.

La comprensione di questi punti di incontro è essenziale per cogliere appieno il potenziale di queste tecnologie in evoluzione.

(5.2) Esempi di applicazioni che combinano VR e AR.

Esempi di Applicazioni che Combinano Realtà Virtuale (VR) e Realtà Aumentata (AR)

L'intersezione tra Realtà Virtuale (VR) e Realtà Aumentata (AR) sta dando vita a un nuovo mondo di possibilità. Ecco alcuni esempi di applicazioni che combinano queste due tecnologie in modi innovativi:

1. Turismo Virtuale Aumentato

Imagine di visitare una città storica, e mentre esplori le strade reali, indossi occhiali AR che sovrappongono dettagli storici e informazioni sul patrimonio culturale. Questo approccio offre una prospettiva unica, arricchendo l'esperienza turistica con elementi virtuali.

2. Formazione Ibrida

Nel settore dell'istruzione e della formazione, vengono sviluppate soluzioni che combinano elementi di VR e AR. Gli studenti possono partecipare a simulazioni virtuali in un ambiente VR e, contemporaneamente, utilizzare dispositivi AR per ricevere informazioni contestuali durante il processo di apprendimento.

3. Realtà Mista nell'Assistenza Sanitaria

Nell'ambito sanitario, vengono utilizzati visori AR per la chirurgia assistita, sovrapponendo dati importanti direttamente sul campo visivo del chirurgo durante l'operazione. Questo approccio migliora la precisione e la sicurezza degli interventi.

4. Design e Prototipazione Industriale

Nel settore manifatturiero e di progettazione, gli ingegneri e i designer possono utilizzare la VR per creare prototipi virtuali dettagliati dei loro prodotti. Successivamente, possono integrare elementi AR per esaminare i prototipi virtuali nel contesto del mondo reale, valutando dimensioni e adattabilità.

5. Intrattenimento Immersivo

Alcuni sviluppatori stanno sperimentando con esperienze di intrattenimento che combinano elementi di VR e AR. Questo potrebbe includere spettacoli interattivi in cui il pubblico indossa visori AR per vedere personaggi virtuali interagire con il mondo reale.

6. Navigazione Assistita AR

Applicazioni di navigazione AR stanno emergendo come un modo per semplificare il viaggio nelle città. I dispositivi AR forniscono indicazioni direttamente nel campo visivo dell'utente, rendendo più facile orientarsi nelle strade affollate.

7. Shopping Virtuale

Nel campo del commercio elettronico, alcune aziende stanno sperimentando con esperienze di shopping virtuali che combinano elementi di VR e AR. Gli utenti possono esplorare virtualmente negozi, provare prodotti virtuali in modalità VR e vedere come si integrano nella loro casa in AR.

8. Realtà Mista per la Collaborazione

In ambito aziendale, le applicazioni di Realtà Mista stanno emergendo come soluzioni di collaborazione avanzate. I team distribuiti possono condividere ambienti virtuali e collaborare su progetti utilizzando elementi AR e VR per una comunicazione più efficace.

9. Intrattenimento Sportivo Aumentato

Durante gli eventi sportivi, gli spettatori possono indossare occhiali AR che forniscono statistiche in tempo reale, grafici e ulteriori informazioni sugli atleti e sugli eventi sportivi mentre seguono l'azione dal vivo.

10. Addestramento Militare Avanzato

Le forze armate utilizzano la combinazione di VR e AR per l'addestramento avanzato. Gli operatori possono partecipare a simulazioni virtuali complesse e interagire con elementi AR per simularne l'uso in situazioni reali.

Questi esempi illustrano l'ampia gamma di possibilità che emergono dalla combinazione di VR e AR. Mischiando il mondo virtuale con quello reale, queste applicazioni stanno aprendo nuove prospettive per l'innovazione in diversi settori, promettendo esperienze più ricche e coinvolgenti per gli utenti.

(5.3) Potenziali sviluppi futuri nell'interazione tra VR e AR.

L'interazione in continua evoluzione tra Realtà Virtuale (VR) e Realtà Aumentata (AR) offre uno sguardo affascinante sul futuro delle tecnologie immersive.

Ecco alcune possibili direzioni in cui potremmo vedere ulteriori sviluppi nell'integrazione tra VR e AR:

1. Dispositivi All-in-One

- Potremmo vedere la creazione di dispositivi indossabili che combinano funzionalità VR e AR in un unico dispositivo all-in-one. Questi dispositivi sarebbero in grado di adattarsi alle esigenze dell'utente, offrendo esperienze immersive quando necessario e informazioni contestuali quando richiesto.

2. Interfaccia Cervello-Macchina

- L'interazione tra VR e AR potrebbe diventare ancora più intuitiva attraverso l'uso di interfaccia cervello-macchina. Questa tecnologia consentirebbe agli utenti di controllare gli ambienti virtuali e di AR con il pensiero, aprendo nuove possibilità per l'accessibilità e l'usabilità.

3. Realtà Mista in Tempo Reale

- L'AR potrebbe diventare più integrata nella vita quotidiana grazie all'uso di occhiali o lenti a contatto intelligenti che sovrappongono dati virtuali costantemente. Questo potrebbe essere utile per traduzioni in tempo reale, informazioni contestuali o assistenza visiva per le persone con disabilità visive.

4. Esperienze Sociali Condivise

- Le piattaforme sociali potrebbero incorporare elementi di VR e AR per creare spazi virtuali in cui le persone possono incontrarsi, lavorare e interagire come se fossero fisicamente presenti. Ciò potrebbe rivoluzionare le modalità di comunicazione a distanza.

5. Apprendimento Ibrido

- Nel settore dell'istruzione, potremmo assistere allo sviluppo di programmi ibridi che combinano esperienze di VR e AR per offrire un apprendimento più coinvolgente e interattivo. Gli studenti potrebbero esplorare ambienti virtuali mentre utilizzano dati AR per contestualizzare le informazioni.

6. Navigazione e Realtà Aumentata Urbana

- Le città potrebbero adottare sistemi di AR integrati nelle infrastrutture, consentendo ai residenti e ai visitatori di navigare in modo più efficiente e ricevere informazioni contestuali sulle aree circostanti.

7. Progettazione e Collaborazione Virtuale

- Le industrie di progettazione e ingegneria potrebbero sfruttare al massimo le capacità di collaborazione virtuale tra team geograficamente distribuiti. Questo potrebbe includere la progettazione di edifici virtuali in VR, con la possibilità di esaminare i dettagli in AR.

8. Sanità Aumentata

- Nell'ambito della salute, potremmo assistere alla crescita dell'AR nella diagnosi e nell'intervento medico. Gli assistenti medici potrebbero utilizzare dispositivi AR per visualizzare informazioni vitali direttamente durante le procedure chirurgiche.

9. Modellazione 3D in Tempo Reale

- La modellazione 3D in tempo reale potrebbe diventare una realtà più accessibile grazie all'interazione tra VR e AR. Gli artisti, i designer e gli architetti potrebbero creare modelli virtuali complessi che possono essere esplorati tramite VR e visualizzati in AR.

10. Realtà Mista per il Lavoro Remoto

- Il lavoro remoto potrebbe beneficiare di ambienti di realtà mista che consentono ai team di collaborare in modo più efficace e coinvolgente. Le videoconferenze potrebbero diventare esperienze di realtà mista in cui i partecipanti sembrano essere fisicamente presenti.

L'integrazione continua di VR e AR offre un potenziale illimitato per cambiare la nostra relazione con il mondo digitale e fisico.

La capacità di unire mondi virtuali e reali in modi innovativi promette di portare benefici significativi in molteplici settori, dalla formazione all'assistenza sanitaria, dall'intrattenimento alla progettazione.

Resta da vedere come queste tecnologie evolveranno e saranno adottate in futuro, ma una cosa è certa: il futuro sarà molto più immersivo e interattivo grazie all'integrazione di VR e AR.

Benefici e Rischi di VR e AR

(6.1) Vantaggi nell'uso di VR e AR.

Vantaggi nell'Uso di Realtà Virtuale (VR) e Realtà Aumentata (AR)

L'utilizzo di Realtà Virtuale (VR) e Realtà Aumentata (AR) offre una serie di vantaggi in diversi settori, trasformando le esperienze umane e migliorando la produttività. Di seguito, esploreremo alcuni dei principali vantaggi derivanti dall'adozione di queste tecnologie innovative:

1. Esperienze Immersive Coinvolgenti:

- VR: Le esperienze VR offrono una totale immersione in ambienti digitali, consentendo agli utenti di esplorare mondi virtuali in modo coinvolgente. Questo è particolarmente utile per il gaming, la formazione simulata e l'intrattenimento.
- AR: L'AR arricchisce l'ambiente fisico dell'utente con informazioni digitali, migliorando la comprensione e l'interazione con il mondo circostante. Questo è prezioso per la navigazione, la formazione in situ e la guida visiva.

2. Apprendimento Interattivo:

- VR: Nell'istruzione, la VR consente agli studenti di immergersi in contesti educativi realistici. Possono esplorare il corpo umano in 3D, visitare luoghi storici o partecipare a simulazioni pratiche.
- AR: L'AR fornisce informazioni contestuali durante le lezioni, migliorando la comprensione degli argomenti. Ad esempio, durante una lezione di biologia, gli studenti possono visualizzare modelli 3D di cellule mentre studiano.

3. Formazione e Addestramento Sicuri:

- VR: Le aziende utilizzano la VR per addestrare i dipendenti in ambienti virtuali senza rischi. Ad esempio, i piloti possono simulare situazioni di emergenza in modo sicuro e ripetuto.
- AR: I lavoratori possono ricevere assistenza in tempo reale durante compiti complessi. Ad esempio, gli operatori di macchine possono vedere istruzioni direttamente sovrapposte ai componenti da assemblare.

4. Miglioramento dell'Efficienza:

- VR: Le aziende utilizzano la VR per la progettazione e la simulazione di prodotti, accelerando i processi di sviluppo e riducendo i costi.
- AR: I lavoratori possono accedere a informazioni chiave senza dover consultare manuali o dispositivi esterni, migliorando l'efficienza sul luogo di lavoro.

5. Intrattenimento Immersivo:

- VR: Gli appassionati di giochi possono sperimentare mondi virtuali interattivi e coinvolgenti. La VR è anche utilizzata per creare contenuti di intrattenimento, come film e esperienze immersive.
- AR: L'AR arricchisce gli eventi di intrattenimento dal vivo, come concerti e mostre, offrendo esperienze uniche e coinvolgenti agli spettatori.

6. Assistenza Sanitaria Avanzata:

- VR: I medici possono utilizzare la VR per simulare procedure chirurgiche complesse o trattamenti in modo da acquisire esperienza prima di eseguirli su pazienti reali.
- AR: Nell'ambito dell'assistenza sanitaria, i professionisti possono visualizzare dati dei pazienti e informazioni cruciali direttamente sul campo visivo, migliorando la precisione delle diagnosi e dei trattamenti.

7. Navigazione e Realtà Aumentata Urbana:

- AR: I dispositivi AR possono fornire indicazioni di navigazione in tempo reale, riconoscimento di luoghi famosi e informazioni turistiche direttamente attraverso lo schermo dei dispositivi.

8. Interazione Sociale Potenziata:

- AR: Le app di social media e comunicazione possono arricchire le interazioni sociali consentendo agli utenti di condividere esperienze AR in tempo reale. Ciò favorisce legami più stretti e coinvolgenti tra le persone.

9. Design e Progettazione Creativa:

- VR: Designer e architetti utilizzano la VR per visualizzare progetti in 3D e esplorare spazi virtuali prima di crearli fisicamente.

- AR: La prototipazione e il design di prodotti possono essere arricchiti dall'AR, consentendo ai progettisti di visualizzare come apparirà un oggetto nel mondo reale prima della produzione.

10. Accessibilità Migliorata:

- AR: Le applicazioni AR possono assistere le persone con disabilità visive, ad esempio, fornendo indicazioni vocali e identificando oggetti circostanti.

Questi vantaggi dimostrano il potenziale trasformativo di VR e AR in una vasta gamma di settori.

Mentre queste tecnologie continuano a evolversi, ci si può aspettare ulteriori innovazioni che cambieranno la nostra vita quotidiana e le modalità di lavoro, apprendimento e intrattenimento.

(6.2) Possibili sfide e rischi associati a VR e AR.

Possibili Sfide e Rischi Associati a Realtà Virtuale (VR) e Realtà Aumentata (AR)

Sebbene Realtà Virtuale (VR) e Realtà Aumentata (AR) offrano numerose opportunità, è importante riconoscere le sfide e i rischi associati a queste tecnologie emergenti. Ecco alcune delle principali sfide e rischi da considerare:

1. Costi Elevati:

VR: L'hardware e i dispositivi VR di alta qualità possono essere costosi, rendendo l'accesso a queste esperienze limitato per alcune persone.

AR: Anche l'AR richiede dispositivi specifici, come occhiali o visori, che possono avere costi elevati.

2. Possibili Effetti Collaterali:

VR: Alcune persone possono sperimentare effetti collaterali negativi, come nausea o vertigini, durante l'uso prolungato di VR, noti come "motion sickness."

3. Isolamento Sociale:

VR: L'uso prolungato di VR può portare a un isolamento sociale poiché gli utenti sono completamente immersi in un mondo virtuale, separandoli dal mondo reale e dalle interazioni fisiche.

AR: L'uso eccessivo di AR potrebbe anche distogliere l'attenzione dalle interazioni reali e dal mondo circostante.

4. Dipendenza e Distrazione:

VR: L'immersione totale in un mondo virtuale può portare a una dipendenza da VR e alla trascuratezza di responsabilità reali.

AR: L'AR potrebbe distrarre le persone durante le attività quotidiane, causando incidenti o situazioni pericolose.

5. Privacy e Sicurezza:

AR: L'AR potrebbe sollevare preoccupazioni sulla privacy, poiché può essere utilizzato per raccogliere dati sulle persone o su ciò che vedono e sperimentano.

6. Creazione di Monopoli:

VR: Le grandi aziende tech che dominano il settore VR potrebbero creare monopoli, limitando la concorrenza e l'innovazione.

7. Impatto sulla Salute Mentale:

L'uso prolungato di VR e AR potrebbe avere impatti sulla salute mentale, specialmente tra i giovani, in termini di isolamento, dipendenza e disagio.

8. Affidabilità Tecnologica:

AR: L'affidabilità dei dispositivi AR potrebbe essere un problema, specialmente quando vengono utilizzati in ambienti esterni con vari livelli di luce e interferenze.

9. Problemi Etici:

AR: L'AR potrebbe sollevare questioni etiche in termini di utilizzo inappropriato, come la registrazione non autorizzata di persone o il riconoscimento facciale invasivo.

10. Barriere Culturali e Sociali:

L'adozione di VR e AR può essere influenzata da barriere culturali e sociali, comprese resistenze culturali o religiose all'uso di tecnologie immersive.

È importante affrontare queste sfide e rischi mentre VR e AR continuano a evolversi. L'adozione responsabile di queste tecnologie, insieme a una regolamentazione adeguata, può aiutare a mitigare i potenziali problemi e garantire che VR e AR siano utilizzati in modo sicuro ed efficace per il beneficio di tutti.

(6.3) Etica nell'uso di VR e AR.

Etica nell'Uso di Realtà Virtuale (VR) e Realtà Aumentata (AR)

L'etica riveste un ruolo fondamentale nell'evoluzione e nell'applicazione di Realtà Virtuale (VR) e Realtà Aumentata (AR). Queste tecnologie sollevano diverse questioni etiche che devono essere prese in considerazione mentre vengono sviluppate e integrate nella società. Ecco alcune delle principali considerazioni etiche relative a VR e AR:

1. Privacy e Sicurezza:

- L'uso di dispositivi VR e AR potrebbe comportare la raccolta e l'archiviazione di dati personali e comportamentali degli utenti. È cruciale garantire che questi dati siano gestiti in modo sicuro e che la privacy degli individui sia rispettata.

2. Sorveglianza e Controllo:

- L'AR potrebbe consentire la sorveglianza invasiva o la registrazione non autorizzata di persone e ambienti. È importante stabilire leggi e regolamenti che definiscano chiaramente i limiti di tale sorveglianza e garantiscano il consenso informato.

3. Discriminazione e Bias:

- Gli algoritmi utilizzati in VR e AR potrebbero incorporare bias e discriminazione, influenzando negativamente le esperienze degli utenti. Devono essere adottate misure per ridurre al minimo questi rischi e garantire l'equità nell'accesso e nell'uso.

4. Realtà Falsificate:

- La manipolazione digitale in VR e AR potrebbe creare realtà falsificate difficili da distinguere dalla realtà effettiva. Ciò solleva preoccupazioni riguardo alla disinformazione e alla manipolazione dell'opinione pubblica.

5. Impatti sulla Salute Mentale:

- L'uso eccessivo di VR e AR può avere impatti sulla salute mentale, come l'isolamento sociale, la dipendenza o l'ansia. Le aziende devono promuovere l'uso responsabile e fornire informazioni sull'uso equilibrato di queste tecnologie.

6. Accessibilità:

- È importante garantire che le esperienze di VR e AR siano accessibili a tutte le persone, indipendentemente dalle loro capacità fisiche o cognitive. Questo include la progettazione di dispositivi e applicazioni che soddisfino le esigenze di utenti diversi.

7. Regolamentazione Adeguata:

- Le autorità governative devono sviluppare una regolamentazione adeguata per gestire le sfide etiche associate a VR e AR. Queste regole dovrebbero garantire che le tecnologie siano utilizzate in modo responsabile e che i diritti e la dignità degli individui siano preservati.

8. Educazione e Consapevolezza:

- Promuovere l'educazione e la consapevolezza riguardo alle questioni etiche di VR e AR è essenziale. Gli utenti devono essere informati sui rischi e sui comportamenti etici nell'uso di queste tecnologie.

9. Coinvolgimento delle Parti Interessate:

- Il coinvolgimento delle parti interessate, tra cui utenti, sviluppatori, aziende e organizzazioni etiche, è fondamentale per affrontare queste sfide etiche in modo collaborativo.

Affrontare queste questioni etiche è cruciale per garantire che VR e AR possano essere utilizzate in modo etico e responsabile, portando benefici alla società senza compromettere i diritti e la dignità degli individui. La ricerca continua, la regolamentazione adeguata e una riflessione etica costante sono fondamentali mentre queste tecnologie continuano a evolversi.

Sviluppo e Innovazione in VR e AR

(7.1) Ricerca e sviluppo in corso in VR.

Ricerca e Sviluppo in Corso in Realtà Virtuale (VR) e Realtà Aumentata (AR)

La Realtà Virtuale (VR) e la Realtà Aumentata (AR) sono campi in costante evoluzione, con una vasta gamma di ricerche e sviluppi in corso. Questi progressi contribuiscono a migliorare le tecnologie esistenti e a sviluppare nuove applicazioni. Ecco alcuni degli sviluppi più recenti e interessanti in VR e AR:

1. Avanzamenti nell'Hardware:

- L'hardware per VR e AR continua a migliorare in termini di potenza di elaborazione, risoluzione visiva e comfort. Gli sviluppatori stanno lavorando su dispositivi più leggeri e compatti, visori con maggiore campo visivo e migliori sistemi di tracciamento dei movimenti.

2. Esperienze di Realtà Mista:

- La Realtà Mista combina elementi di VR e AR per creare esperienze in cui gli oggetti virtuali interagiscono con il mondo reale in tempo reale. Questa tecnologia sta diventando sempre più sofisticata ed è utilizzata in settori come la formazione, la progettazione e l'industria.

3. Interfacce Uomo-Macchina Avanzate:

- La ricerca si concentra sull'evoluzione delle interfacce utente per rendere l'interazione con VR e AR più intuitiva e naturale.

Ciò include gesti, comandi vocali, occhiali intelligenti e dispositivi indossabili.

4. Applicazioni Mediche e Sanitarie:

- VR e AR stanno guadagnando terreno nel settore medico, consentendo agli operatori sanitari di simulare interventi chirurgici, addestrarsi in ambienti virtuali e migliorare la terapia riabilitativa.

5. Educazione Immersiva:

- Le applicazioni educative stanno sfruttando la VR per offrire esperienze di apprendimento immersivo. Gli studenti possono esplorare luoghi storici, simulare esperimenti scientifici e partecipare a lezioni virtuali.

6. Sviluppo di Contenuti:

- Gli sviluppatori stanno creando contenuti sempre più coinvolgenti per VR e AR, tra cui giochi, esperienze artistiche, tour virtuali e simulazioni industriali.

7. Realtà Virtuale Sociale:

- La VR sociale sta emergendo come un campo interessante, consentendo alle persone di interagire e comunicare in ambienti virtuali. Questo ha il potenziale per cambiare la natura delle connessioni umane online.

8. Realismo e Grafica:

- La grafica e il realismo visivo delle esperienze VR stanno raggiungendo nuovi livelli grazie all'aumento della potenza di elaborazione e all'uso della grafica ray tracing.

9. Realtà Aumentata negli Smart Glasses:

- Le aziende stanno sviluppando occhiali intelligenti che integrano AR nella vita quotidiana, consentendo agli utenti di accedere a informazioni contestuali e interazioni digitali mentre vedono il mondo reale.

10. AR Cloud:

- La creazione di un "AR Cloud" globale, una sorta di strato di dati spaziali condiviso, sta diventando un obiettivo per migliorare l'accuratezza e la coerenza delle esperienze AR.

Questi sviluppi sono solo un assaggio di ciò che sta accadendo in questi campi.

Mentre la VR e l'AR continuano a evolversi, è probabile che vedremo un'espansione delle loro applicazioni in settori diversi e un impatto sempre maggiore sulla nostra vita quotidiana.

(7.2) Ricerca e sviluppo in corso in AR.

Ricerca e Sviluppo in Corso in Realtà Aumentata (AR)

La Realtà Aumentata (AR) è una tecnologia in continua evoluzione con numerosi progetti di ricerca e sviluppo in corso che promettono di portare nuove e affascinanti applicazioni.

Di seguito sono elencati alcuni degli sviluppi più recenti e promettenti nell'ambito della Realtà Aumentata:

1. Occhiali Intelligenti di Prossima Generazione:

- Gli occhiali AR di prossima generazione stanno diventando sempre più leggeri, compatti ed eleganti. Le aziende stanno lavorando per sviluppare occhiali AR indossabili che diventeranno parte integrante della vita quotidiana, offrendo informazioni contestuali, mappe AR e molto altro ancora.

2. AR Cloud e Mappatura 3D:

- La creazione di un "AR Cloud" globale è un obiettivo importante. Questo consentirà alle applicazioni AR di avere una comprensione condivisa degli ambienti in cui gli utenti si trovano, consentendo un'esperienza più accurata e coerente.

3. Navigazione e Indicazioni AR:

- Le applicazioni di navigazione AR stanno emergendo come strumenti utili per guidare le persone in ambienti sconosciuti. Questo è particolarmente utile in contesti urbani o in interni di grandi edifici.

4. AR nell'Industria:

- L'AR sta rivoluzionando settori come la manutenzione industriale, consentendo ai tecnici di accedere a istruzioni visuali e dati in tempo reale mentre lavorano su macchinari complessi.

5. AR nell'Educazione e nell'Addestramento:

- L'AR è utilizzato per creare esperienze educative interattive, permettendo agli studenti di esplorare oggetti tridimensionali e processi complessi.

6. Giochi e Intrattenimento AR:

- I giochi e le esperienze di intrattenimento AR stanno diventando sempre più popolari. Gli sviluppatori stanno sfruttando la tecnologia AR per creare giochi basati sulla posizione e giochi di avventura interattivi.

7. Applicazioni Sociali AR:

- Le applicazioni di social media stanno integrando funzionalità AR per creare filtri facciali, adesivi e esperienze condivise per gli utenti.

8. AR e Commercio Elettronico:

- Le aziende stanno esplorando l'AR per offrire agli acquirenti un'esperienza di shopping virtuale, consentendo loro di provare i prodotti virtualmente prima di acquistarli.

9. Salute e Assistenza Sanitaria AR:

- L'AR sta contribuendo a migliorare la chirurgia assistita da computer, consentendo ai medici di visualizzare dati vitali durante le procedure.

10. AR e Arte Digitale:

- Artisti digitali stanno sfruttando l'AR per creare opere d'arte interattive che possono essere visualizzate attraverso dispositivi mobili.

Con l'accelerazione della ricerca e dello sviluppo in questo campo, la Realtà Aumentata continuerà a sorprenderci con nuove applicazioni e possibilità in una vasta gamma di settori.

La combinazione di interazione digitale e mondo reale promette di trasformare la nostra esperienza quotidiana in modi eccitanti e innovativi.

(7.3) Potenziali innovazioni future in VR e AR.

Potenziali Innovazioni Future in Realtà Virtuale (VR) e Realtà Aumentata (AR)

Il futuro della Realtà Virtuale (VR) e della Realtà Aumentata (AR) è estremamente promettente, con una serie di potenziali innovazioni che trasformeranno radicalmente il modo in cui interagiamo con il mondo digitale e reale. Ecco alcune delle possibili evoluzioni future in VR e AR:

1. Miglioramento dell'Immersività VR:

- Le future generazioni di dispositivi VR offriranno un'esperienza ancora più immersiva grazie a display ad alta risoluzione, frequenze di aggiornamento elevate e tecnologie audio avanzate. Questo porterà a una maggiore presenza degli utenti nell'ambiente virtuale.

2. Combining di VR e AR:

- La linea tra VR e AR si sfumerà sempre di più, con dispositivi in grado di offrire entrambe le esperienze. Ciò consentirà agli utenti di passare in modo fluido tra mondi completamente virtuali e sovrapposizioni digitali nel mondo reale.

3. Interazione Naturale:

- L'uso di gesti, riconoscimento vocale e tracciamento del movimento diventerà ancora più preciso, consentendo agli utenti di interagire in modo naturale con gli ambienti VR e AR.

4. Realtà Mista per l'Uso Quotidiano:

- Gli occhiali AR diventeranno dispositivi indossabili comuni, simili a quelli degli occhiali da sole, che forniranno informazioni utili e interazioni digitali nel nostro campo visivo quotidiano.

5. Educazione e Addestramento VR/AR:

- L'istruzione e l'addestramento useranno ampiamente VR e AR per offrire esperienze di apprendimento interattive, sicure ed efficaci.

6. Settore Medico e Sanitario:

- La chirurgia assistita da computer e la terapia basata su AR diventeranno standard nel settore medico, consentendo procedure più precise e un migliore trattamento dei pazienti.

7. Architettura e Progettazione:

- Architetti e progettisti utilizzeranno VR e AR per creare modelli digitali interattivi di edifici e prodotti, semplificando il processo decisionale.

8. Commercio Elettronico 3D:

- Gli acquisti online utilizzeranno modelli 3D e AR per consentire ai consumatori di visualizzare i prodotti in modo realistico prima dell'acquisto.

9. Intrattenimento Immersivo:

- L'industria dell'intrattenimento utilizzerà VR per creare esperienze cinematografiche e di gioco più coinvolgenti, permettendo agli spettatori di immergersi completamente nella storia.

10. Realtà Virtuale Sociale:

- Le piattaforme di social media integreranno esperienze VR che consentiranno agli utenti di interagire virtualmente con amici e familiari in modi completamente nuovi.

11. AR Nell'Industria Automobilistica:

- I veicoli autonomi potrebbero utilizzare AR per proiettare informazioni di navigazione direttamente sul parabrezza, migliorando la sicurezza e la guida.

12. Realtà Aumentata nell'Arte e nella Cultura:

- Artisti e musei utilizzeranno AR per creare esperienze artistiche interattive e per arricchire le visite culturali.

Queste sono solo alcune delle possibili innovazioni future in VR e AR. Mentre la tecnologia evolve, vedremo nuove applicazioni emergere in settori che al momento non possiamo neppure immaginare. L'importante sarà guidare questa evoluzione in modo responsabile ed etico per garantire che VR e AR migliorino la nostra vita quotidiana in modi positivi.

Prospettive Globali di VR e AR

(8.1) Adozione globale di VR e AR.

Adozione Globale di Realtà Virtuale (VR) e Realtà Aumentata (AR)

L'adozione globale di Realtà Virtuale (VR) e Realtà Aumentata (AR) è in costante crescita, e queste tecnologie stanno trasformando il modo in cui viviamo, lavoriamo e interagiamo con il mondo digitale. Vediamo come VR e AR stanno diventando parte integrante delle nostre vite in tutto il mondo:

1. Settore dell'intrattenimento:

- L'industria dell'intrattenimento è stata una delle prime ad adottare VR e AR. Gli headset VR, come l'Oculus Rift e il

PlayStation VR, hanno portato esperienze immersive di gioco e contenuti VR a milioni di utenti.

2. Educazione e Addestramento:

- Le istituzioni educative e le aziende stanno abbracciando VR e AR per migliorare l'apprendimento e l'addestramento. Gli studenti possono esplorare mondi virtuali per acquisire una comprensione più approfondita dei concetti, mentre i professionisti possono simulare situazioni reali per addestrarsi in modo sicuro.

3. Settore Medico e Sanitario:

- L'uso di VR e AR in campo medico è in crescita. Le simulazioni chirurgiche basate su VR consentono agli studenti di medicina di praticare procedure complesse, mentre l'AR viene utilizzata per la navigazione durante le procedure chirurgiche.

4. Commercio Elettronico:

- Il settore del commercio elettronico sta adottando AR per migliorare l'esperienza di acquisto online. I clienti possono utilizzare app AR per visualizzare prodotti in 3D nel loro ambiente prima dell'acquisto.

5. Architettura e Progettazione:

- Architetti e designer utilizzano VR per creare modelli 3D interattivi di edifici e prodotti. Questo permette ai clienti di visualizzare in modo realistico i progetti prima che siano realizzati.

6. Industria Automobilistica:

- Le aziende automobilistiche stanno incorporando AR nelle loro vetture per fornire informazioni di navigazione direttamente nel campo visivo del conducente, migliorando la sicurezza stradale.

7. Industria Videoludica:

- I giochi mobile basati su AR come Pokémon GO hanno dimostrato il potenziale di queste tecnologie per coinvolgere milioni di persone in tutto il mondo.

8. Settore Commerciale e Industriale:

- Le aziende utilizzano AR per ottimizzare la manutenzione e la riparazione delle attrezzature industriali e per migliorare la formazione dei dipendenti.

9. Realtà Virtuale Sociale:

- Le piattaforme di social media stanno sperimentando con l'implementazione di esperienze VR sociali, consentendo agli utenti di interagire virtualmente con amici e familiari da tutto il mondo.

10. Settore dell'Arte e della Cultura:

- Gli artisti e i musei stanno sfruttando AR per creare esperienze artistiche uniche e per arricchire le visite culturali.

L'adozione globale di VR e AR è alimentata dall'innovazione tecnologica continua, dalla riduzione dei costi dei dispositivi e dalla crescente consapevolezza del loro potenziale. Mentre queste tecnologie continuano a evolversi, ci si può aspettare che diventino ancora più diffuse in tutti gli aspetti della nostra vita quotidiana. Tuttavia, è importante affrontare le sfide etiche, la sicurezza e la privacy che potrebbero emergere con l'ampia adozione di queste tecnologie per garantire che ne beneficino tutti gli utenti.

(8.2) Impatto economico e commerciale.

Impatto Economico e Commerciale di Realtà Virtuale (VR) e Realtà Aumentata (AR)

L'adozione crescente di Realtà Virtuale (VR) e Realtà Aumentata (AR) sta avendo un impatto significativo sull'economia globale e sul settore commerciale. Ecco come queste tecnologie stanno influenzando le dinamiche economiche e il mondo degli affari:

1. Crescita del Mercato:

- Il mercato di VR e AR è in costante espansione. Secondo le stime, il mercato delle tecnologie immersive dovrebbe raggiungere cifre miliardarie nei prossimi anni, alimentato dalla domanda di headset, software e servizi correlati.

2. Creazione di Posti di Lavoro:

- L'adozione di VR e AR sta dando vita a nuovi settori industriali e opportunità di lavoro. La progettazione e lo sviluppo di contenuti VR/AR, la produzione di hardware e la formazione per l'uso di queste tecnologie stanno creando una domanda crescente di competenze specializzate.

3. Settori Verticali:

- Diversi settori verticali stanno beneficiando dell'adozione di VR e AR. Ad esempio, l'industria dell'educazione sta investendo in contenuti educativi immersivi, mentre il settore sanitario sta utilizzando queste tecnologie per scopi di formazione e assistenza medica avanzata.

4. Commercio Elettronico e Marketing:

- Il commercio elettronico sta sfruttando AR per migliorare l'esperienza di acquisto online. Le aziende offrono agli acquirenti la possibilità di visualizzare prodotti in 3D nei loro ambienti prima dell'acquisto. Inoltre, il marketing basato su AR sta diventando una strategia efficace per coinvolgere i consumatori.

5. Adozione Industriale:

- L'industria e il settore manifatturiero stanno utilizzando VR e AR per ottimizzare la progettazione, la produzione e la manutenzione. Queste tecnologie stanno contribuendo a ridurre i costi operativi e migliorare l'efficienza.

6. Settore del Gioco:

- L'industria dei videogiochi è stata pioniera nell'adozione di VR, con giochi immersivi che stanno guadagnando popolarità. Inoltre, l'AR sta portando i giochi all'aperto attraverso esperienze di caccia ai tesori virtuali e giochi basati sulla posizione.

7. Realtà Virtuale Sociale:

- Le piattaforme di social media stanno esplorando la realtà virtuale sociale, che potrebbe avere un impatto significativo sulle dinamiche sociali e commerciali.

8. Efficienza Operativa:

- Le aziende stanno utilizzando VR e AR per migliorare l'efficienza operativa. Ad esempio, i dipendenti possono accedere a manuali digitali o ricevere assistenza remota attraverso headset AR.

9. Nuovi Modelli di Business:

- VR e AR stanno dando vita a nuovi modelli di business. Ad esempio, il noleggio di headset VR per eventi o l'offerta di esperienze AR personalizzate possono generare nuove opportunità di profitto.

10. Globalizzazione dei Mercati:

- VR e AR stanno abbattendo le barriere geografiche, consentendo alle aziende di raggiungere una clientela globale attraverso esperienze virtuali e AR.

Mentre l'adozione di VR e AR offre molte opportunità economiche e commerciali, è importante affrontare le sfide legate alla privacy, alla sicurezza e all'etica.

Inoltre, il costo di accesso a queste tecnologie rimane una considerazione chiave per molte imprese e consumatori.

Con il continuo sviluppo tecnologico e l'abbassamento dei prezzi, ci si può aspettare che l'impatto economico e commerciale di VR e AR continuerà a crescere in modo significativo nei prossimi anni.

(8.3) Ruolo di VR e AR in settori emergenti.

Ruolo di Realtà Virtuale (VR) e Realtà Aumentata (AR) in Settori Emergenti

L'innovazione tecnologica rappresentata da Realtà Virtuale (VR) e Realtà Aumentata (AR) sta contribuendo a trasformare una serie di settori emergenti in modi sorprendenti. Ecco come queste tecnologie stanno influenzando tali settori:

1. Salute e Benessere:

- Nel settore sanitario, la VR viene utilizzata per scopi di terapia, simulazione chirurgica e gestione del dolore. AR può migliorare la formazione medica e assistere i medici durante le procedure complesse.

2. Immobiliare:

- Nell'industria immobiliare, AR consente agli acquirenti di visualizzare virtualmente le proprietà. La VR offre visite virtuali immersiva agli acquirenti e agli affittuari.

3. Istruzione e Formazione:

- L'educazione beneficia dell'AR per creare esperienze di apprendimento coinvolgenti. La VR offre simulazioni immersive per la formazione pratica in una varietà di settori.

4. Turismo e Viaggi:

- Nel settore del turismo, AR offre guide turistiche digitali che arricchiscono l'esperienza del visitatore. La VR permette ai turisti di esplorare destinazioni in modo virtuale prima di prenotare.

5. Intrattenimento e Sport:

- Gli eventi sportivi e le esperienze di intrattenimento beneficiano della VR attraverso la trasmissione di eventi in live streaming. L'AR può offrire informazioni in tempo reale durante gli eventi sportivi.

6. Arte e Creatività:

- L'AR viene utilizzata per creare opere d'arte interattive e installazioni creative. La VR offre agli artisti uno spazio virtuale per esplorare e creare.

7. Agricoltura e Agritech:

- Nel settore agricolo, AR può aiutare gli agricoltori a identificare e risolvere problemi nelle colture in tempo reale. La VR offre simulazioni di gestione delle colture.

8. Trasporti e Logistica:

- L'AR può assistere i conducenti nella navigazione e nella manutenzione dei veicoli. La VR è utilizzata per addestrare i conducenti di veicoli pesanti in ambienti simulati.

9. Settore Aerospaziale e Difesa:

- Le applicazioni di AR vengono utilizzate per la manutenzione degli aeromobili e la formazione dei piloti. La VR offre simulazioni per l'addestramento al volo.

10. Commercio Elettronico e Vendita al Dettaglio:

- L'AR consente ai consumatori di provare virtualmente prodotti come abbigliamento e mobili prima dell'acquisto online. La VR offre esperienze di shopping immersivo.

In questi settori emergenti, la VR e l'AR stanno rivoluzionando l'esperienza del consumatore, migliorando l'efficienza operativa e contribuendo alla crescita economica.

Tuttavia, è importante affrontare le sfide legate all'adozione, alla sicurezza e all'etica per massimizzare i benefici di queste tecnologie nei settori emergenti.

Capitolo 3

Robotica

Introduzione alla Robotica

(1.1) **Definizione di Robotica.**

La Robotica è una disciplina che si occupa dello studio, progettazione e costruzione di robot, macchine in grado di eseguire compiti autonomamente o semiautonomamente, con l'obiettivo di automatizzare, assistere o migliorare varie attività umane e industriali.

(1.2)Storia e sviluppo della Robotica.

La storia della Robotica è intrisa di una curiosa mescolanza di miti antichi e sviluppi tecnologici moderni.

Sin dai tempi più antichi, l'umanità ha coltivato l'idea di creare creature artificiali e automi dotati di vita. Un esempio noto è il mito di Pigmalione nell'antica Grecia, in cui uno scultore innamorato creò una statua che poi fu portata in vita dalla dea Afrodite.

Questi racconti mitologici erano le prime espressioni di un desiderio umano profondo: dare vita alla materia inanimata.

Tuttavia, il termine "robot" che oggi associamo alla Robotica è relativamente giovane. È stato coniato nel 1920 dal drammaturgo ceco Karel Čapek nella sua pièce teatrale "R.U.R. (Rossum's Universal Robots)." apek trasse l'ispirazione per il termine dalla parola ceca "robota," che significava "lavoro forzato" o "schiavitù."

L'opera teatrale presentava creature artificiali, chiamate "robot," create in laboratorio e utilizzate per svolgere lavori umani.

Nonostante il termine fosse stato coniato solo nel XX secolo, l'idea di creare automi artificiali era stata coltivata per secoli. Durante il Rinascimento, Leonardo da Vinci disegnò progetti di macchine robotiche, tra cui un cavaliere meccanico.

Tuttavia, le limitazioni tecniche del suo tempo impedirono la realizzazione di tali progetti.

Il vero sviluppo della Robotica iniziò nel corso del XX secolo. Nel 1954, George Devol e Joseph Engelberger costruirono il primo robot industriale funzionante, noto come "Unimate."

Questo robot fu utilizzato in un'azienda automobilistica per svolgere compiti di saldatura e assemblaggio, dimostrando il suo potenziale nell'automazione delle operazioni industriali. Questa invenzione segnò l'inizio dell'era moderna della Robotica.

Negli anni successivi, i robot trovarono applicazione in una vasta gamma di settori.

Nell'ambito medico, furono sviluppati robot chirurgici in grado di assistere i chirurghi durante procedure complesse, migliorando la precisione e riducendo i rischi per i pazienti. Nell'esplorazione spaziale, i robot furono utilizzati per esplorare pianeti e satelliti lontani, fornendo dati preziosi sulla composizione e l'atmosfera di questi corpi celesti.

L'industria dell'intrattenimento non è stata da meno. Robot umanoidi e creature artificiali hanno preso vita sul grande schermo, portando il concetto di robotica nelle case di milioni di persone in tutto il mondo.

Il settore dell'intrattenimento ha anche contribuito alla creazione di robot interattivi, come i robot giocattolo, che possono essere programmati per eseguire una varietà di azioni e interagire con gli utenti.

La storia della Robotica è costellata di innovazioni e scoperte affascinanti, e il suo sviluppo è ancora in corso. Gli attuali progressi nell'intelligenza artificiale stanno consentendo la creazione di robot sempre più intelligenti e capaci di adattarsi a una vasta gamma di compiti.

Il futuro della Robotica promette di essere ancora più entusiasmante, con l'automazione intelligente che cambierà ulteriormente la nostra società e la nostra vita quotidiana. In questo libro, esploreremo dettagliatamente gli sviluppi più recenti e le sfide che la Robotica dovrà affrontare nel prossimo futuro.

(1.3)Scopi e applicazioni della Robotica.

La Robotica, una disciplina che fonde la scienza e la tecnologia per creare macchine capaci di svolgere compiti autonomamente, ha un campo di applicazione incredibilmente vasto e in continua espansione. Le applicazioni della Robotica spaziano dall'industria alla medicina, dall'esplorazione spaziale all'assistenza umana. In questo capitolo, esploreremo i molteplici scopi e le diverse applicazioni che rendono la Robotica una delle aree tecnologiche più promettenti e versatili del nostro tempo.

1. Automazione Industriale: Uno dei settori in cui la Robotica ha avuto un impatto significativo è l'automazione industriale. I robot industriali sono utilizzati per eseguire una vasta gamma di compiti, tra cui saldatura, assemblaggio, imballaggio e lavori di precisione.

Questi robot aumentano l'efficienza, riducono gli errori umani e consentono alle aziende di migliorare la qualità dei loro prodotti.

2. Chirurgia Robotica: In campo medico, i robot chirurgici consentono ai chirurghi di eseguire interventi complessi con precisione millimetrica. Questi dispositivi possono ridurre il dolore post-operatorio e accelerare il recupero dei pazienti, rendendo la chirurgia meno invasiva ed efficace.

3. Esplorazione Spaziale: La Robotica svolge un ruolo fondamentale nell'esplorazione spaziale. I rover robotici, come il Mars Rover della NASA, hanno esplorato la superficie di Marte, fornendo dati preziosi sulla geologia e la composizione del pianeta rosso. I robot spaziali vengono utilizzati anche per missioni di ricerca su altri pianeti e corpi celesti.

4. Assistenza Personale: I robot assistenziali sono progettati per aiutare le persone anziane o con disabilità nelle attività quotidiane. Questi robot possono svolgere compiti come il sollevamento e il trasporto di pazienti, la somministrazione di farmaci e la fornitura di compagnia.

5. Educazione e Ricerca: Nell'ambito dell'istruzione, i robot vengono utilizzati per insegnare principi scientifici e di programmazione ai bambini. Inoltre, la Robotica è uno strumento di ricerca fondamentale in campi come l'intelligenza artificiale e la visione artificiale.

6. Industria del Tempo Libero: I robot non sono solo strumenti utili, ma anche fonte di intrattenimento. I robot giocattolo e i robot per hobby offrono ai consumatori l'opportunità di sperimentare la Robotica in un contesto ludico. I droni, ad esempio, sono diventati popolari sia come dispositivi per il tempo libero che come strumenti per la fotografia e la registrazione video aeree.

7. Sicurezza: I robot sono utilizzati in situazioni pericolose o altamente rischiose, come la ricerca e il soccorso in zone colpite da catastrofi, il disarmo di ordigni esplosivi e il monitoraggio ambientale in aree tossiche.

8. Agricoltura: La Robotica agricola sta emergendo come un campo importante, con robot che possono seminare, raccogliere e monitorare le coltivazioni in modo autonomo. Questi dispositivi migliorano l'efficienza e la resa delle operazioni agricole.

9. Industria Automobilistica: Nell'industria automobilistica, i robot sono ampiamente utilizzati nella produzione di veicoli, svolgendo compiti come la saldatura, la verniciatura e l'assemblaggio.

10. Ricerca Subacquea e Oceanica: I robot subacquei vengono utilizzati per esplorare le profondità marine, mappare i fondali marini e studiare gli ecosistemi oceanici.

Questi sono solo alcuni esempi delle molteplici applicazioni della Robotica nella nostra società. La versatilità della Robotica e la sua capacità di adattarsi a una vasta gamma di settori la rendono una disciplina in costante crescita, destinata a svolgere un ruolo sempre più significativo nel nostro futuro.

In questo libro, esploreremo in dettaglio ciascuna di queste applicazioni, analizzando i progressi recenti e le sfide che la Robotica dovrà affrontare nei prossimi anni.

Componenti Fondamentali della Robotica

(2.1) Struttura e Meccanica dei Robot.

La struttura e la meccanica dei robot giocano un ruolo fondamentale nella loro capacità di eseguire compiti specifici in modo efficace ed efficiente. Questo capitolo esplorerà i vari aspetti della progettazione e della meccanica dei robot, dalla loro anatomia alla loro mobilità e alle diverse tipologie di attuatori utilizzati.

Anatomia dei Robot:

I robot sono costituiti da diverse parti anatomiche, ognuna delle quali svolge un ruolo specifico:

1. **Articolazioni e Giunture:** Le articolazioni sono i punti in cui le parti del robot si collegano e permettono il movimento. Le

giunture possono essere rotatorie, che consentono il movimento di rotazione, o traslative, che consentono il movimento lineare.

2. **Attuatori:** Gli attuatori sono dispositivi che generano il movimento delle giunture. Possono essere idraulici, pneumatici o elettrici, a seconda delle esigenze del robot.

3. **Sensori:** I sensori sono utilizzati per raccogliere dati dall'ambiente circostante e dallo stato del robot stesso. Questi dati sono essenziali per consentire al robot di percepire il suo ambiente e di adattarsi alle condizioni mutevoli.

4. **Controllo:** Il sistema di controllo è il cervello del robot. Utilizza i dati dei sensori per prendere decisioni e inviare segnali agli attuatori per eseguire le azioni desiderate.

Mobilità dei Robot:

La mobilità dei robot è un aspetto critico della loro progettazione e può variare notevolmente a seconda delle applicazioni.

Alcuni robot sono progettati per rimanere statici, mentre altri devono spostarsi in vari modi, tra cui:

1. **Ruote:** I robot a ruote sono comunemente utilizzati per la loro semplicità e versatilità. Possono essere a due, quattro o più ruote, a seconda delle esigenze di movimento.

2. **Gambe:** I robot a gambe imitano il movimento bipede o quadrupede degli esseri umani o degli animali. Sono utili in terreni accidentati o inaccessibili per i veicoli a ruote.

3. **Tracce:** I robot con tracce invece di ruote sono adatti a superfici scivolose o irregolari. Le tracce offrono maggiore aderenza e stabilità.

4. **Zampe:** Alcuni robot utilizzano zampe per il movimento, il che li rende adatti a terreni difficili come rocce o sabbia.

5. **Ali:** I droni sono un esempio di robot con ali che possono volare. La mobilità aerea è utile per l'esplorazione o la sorveglianza.

Attuatori e Azionamenti:

Gli attuatori sono responsabili del movimento delle giunture e delle parti del robot. Possono essere di diversi tipi:

1. **Elettrici:** I motori elettrici sono comuni negli attuatori dei robot. Possono essere controllati con precisione e forniscono una buona potenza.
2. **Idraulici:** Gli attuatori idraulici utilizzano fluidi sotto pressione per generare forza e movimento. Sono utilizzati in robot industriali pesanti.

3. **Pneumatici:** Gli attuatori pneumatici utilizzano aria compressa per il movimento e sono utili in applicazioni in cui è richiesta una rapida risposta.

La progettazione di un robot coinvolge la scelta e l'ottimizzazione di questi componenti in base alle esigenze specifiche dell'applicazione. L'equilibrio tra struttura, meccanica e controllo è essenziale per garantire che il robot possa eseguire le sue funzioni in modo affidabile e efficiente.

Nelle sezioni successive di questo capitolo, esploreremo ulteriormente i dettagli della meccanica dei robot e come questi principi si traducono nelle varie applicazioni robotiche.

(2.2) Sensori Utilizzati nei Robot.

I sensori sono componenti critici dei robot poiché consentono loro di percepire l'ambiente circostante e di adattarsi alle situazioni in tempo reale. Questo capitolo esplorerà una vasta gamma di sensori comunemente utilizzati nei robot, evidenziando le loro funzioni e le applicazioni in cui sono impiegati.

Sensori di Prossimità:

I sensori di prossimità rilevano la presenza di oggetti o ostacoli nelle vicinanze del robot. Questi includono:

1. **Sensori ad Ultrasuoni:** Utilizzano ultrasuoni per misurare la distanza dagli oggetti. Sono ampiamente utilizzati nei robot per evitare collisioni.

2. **Sensori a Infrarossi:** Rilevano la presenza di oggetti in base alla riflessione di raggi infrarossi. Sono utilizzati per la navigazione interna e il riconoscimento degli ostacoli.

3. **Sensori a Tocco:** Rilevano il contatto fisico con oggetti o superfici. Sono utili per evitare collisioni e per interagire con oggetti.

Sensori di Visione:

I sensori di visione consentono ai robot di percepire il mondo visivo in modo simile agli esseri umani. Questi includono:

1. **Telecamere:** Catturano immagini o video dell'ambiente circostante. Sono utilizzate in applicazioni di visione artificiale, come la navigazione autonoma.

2. **Sensori Lidar:** Utilizzano il laser per misurare le distanze agli oggetti circostanti. Sono comunemente usati in robot autonomi per la mappatura e la navigazione.

3. **Sensori a Infrarossi Termici:** Rilevano la temperatura degli oggetti e delle superfici. Sono utili per il rilevamento di persone o animali.

Sensori di Movimento:

I sensori di movimento consentono ai robot di monitorare la loro posizione e orientamento. Questi includono:

1. **Giroscopi:** Misurano la velocità angolare e l'orientamento del robot. Sono fondamentali per il controllo di precisione.
2. **Accelerometri:** Rilevano l'accelerazione del robot in una direzione specifica. Sono utili per il riconoscimento dei movimenti e la stabilizzazione.

Sensori Ambientali:

I sensori ambientali rilevano parametri dell'ambiente circostante, come temperatura, umidità e pressione atmosferica. Sono utilizzati in robot per monitorare le condizioni ambientali.

Sensori Tattili:

I sensori tattili sono integrati nella superficie del robot e rilevano il contatto fisico. Sono utili per interagire con oggetti o persone e per evitare collisioni.

Sensori di Gas e Chimici:

Questi sensori rilevano la presenza di gas o sostanze chimiche nell'aria. Sono utilizzati in robot per applicazioni di rilevamento di gas tossici o per la qualità dell'aria.

Sensori Biometrici:

Alcuni robot utilizzano sensori biometrici come impronte digitali o riconoscimento facciale per l'interazione con gli utenti.

Sensori Sonori:

I sensori sonori rilevano suoni e rumori nell'ambiente circostante. Possono essere utilizzati in robot per il riconoscimento vocale o il monitoraggio acustico.

La scelta dei sensori dipende dalle specifiche esigenze dell'applicazione robotica. Spesso, i robot utilizzano una combinazione di sensori per ottenere una percezione più completa dell'ambiente circostante. Questi sensori consentono ai robot di operare in modo autonomo, di adattarsi a situazioni inaspettate e di interagire in modo intelligente con il loro ambiente e gli utenti. Nel prosieguo di questo capitolo, esamineremo come i dati raccolti dai sensori vengano elaborati e utilizzati per il controllo e la navigazione dei robot.

(2.3) Attuatori e Azionamenti Robotici.

Gli attuatori e gli azionamenti robotici svolgono un ruolo cruciale nel consentire ai robot di tradurre decisioni e calcoli in azioni fisiche. Questo capitolo esplorerà i principali attuatori utilizzati nei robot, come funzionano e le loro applicazioni.

Motori Elettrici:

I motori elettrici sono tra gli attuatori più comuni nei robot. Funzionano trasformando l'energia elettrica in movimento meccanico. Alcuni tipi di motori elettrici includono:

1. **Motori DC (Corrente Continua):** Questi motori sono ampiamente utilizzati nei robot a causa della loro semplicità e controllo preciso della velocità e della direzione. Sono spesso utilizzati nelle ruote per la locomozione.

2. **Motori Passo-Passo:** Questi motori sono ideali per il controllo preciso della posizione e vengono spesso utilizzati nei bracci robotici e nei dispositivi di automazione.

3. **Motori Brushless:** Simili ai motori DC ma senza spazzole, questi motori sono efficienti ed affidabili, adatti ad applicazioni come i droni.

Attuatori Pneumatici:

Gli attuatori pneumatici utilizzano aria compressa per creare movimento. Sono utilizzati in robot industriali per azioni come la presa e il posizionamento.

Attuatori Idraulici:

Gli attuatori idraulici utilizzano olio o fluidi idraulici per il movimento. Sono in grado di generare forze significative e vengono utilizzati in robot industriali pesanti.

Muscoli Artificiali:

I muscoli artificiali, noti anche come attuatori a contrazione, cercano di replicare il movimento muscolare umano. Possono essere utilizzati per creare robot antropomorfi.

Attuatori Elettromagnetici:

Questi attuatori sfruttano campi magnetici per generare forza e movimento. Sono utilizzati in applicazioni come gli altoparlanti o i dispositivi di feedback tattile.

Azionamenti Robotici:

Gli azionamenti robotici sono i componenti elettronici o meccanici responsabili di controllare gli attuatori. Essi determinano la velocità, la direzione e la forza con cui gli attuatori devono operare. Gli azionamenti possono includere:

1. **Controllo PID:** Questo è un tipo di controllo a retroazione che regola la posizione o la velocità dell'attuatore in modo proporzionale, integrale e derivativo.

2. **Schede di Controllo:** Sono circuiti elettronici che traducono i segnali di controllo provenienti da un computer o un microcontrollore in segnali che l'attuatore può comprendere.

3. **Sistemi di Riduzione:** Spesso, il movimento di un attuatore deve essere convertito o ridotto prima di essere trasmesso alle parti mobili del robot. Questo può essere fatto tramite ingranaggi, cinghie o altri meccanismi di riduzione.

4. **Controllo di Movimento:** Questo può includere algoritmi che determinano come gli attuatori devono rispondere a una determinata situazione o comando.

La scelta dell'attuatore e dell'azionamento dipende dalle esigenze specifiche del robot e dell'applicazione.

La combinazione di motori, attuatori e azionamenti consente ai robot di eseguire una vasta gamma di azioni, dalla movimentazione di oggetti alla locomozione, all'interazione con l'ambiente e molto altro.

Nel prossimo capitolo, esamineremo come i sensori, gli attuatori e gli azionamenti lavorano insieme per permettere ai robot di operare in modo intelligente e autonomo.

Tipi di Robot

(3.1) Robot Industriali.

I robot industriali sono una delle applicazioni più diffuse e importanti della robotica. Questi robot sono progettati per svolgere una varietà di compiti all'interno di ambienti industriali e di produzione. Ecco una panoramica dei robot industriali, delle loro funzioni e delle applicazioni comuni.

Funzioni Principali:

1. **Assemblaggio:** I robot industriali sono spesso utilizzati per assemblare componenti o prodotti. Possono essere programmati per eseguire operazioni di montaggio precise e ripetitive.

2. **Saldatura:** I robot di saldatura sono ampiamente utilizzati nell'industria automobilistica e metallurgica. Eseguono saldature precise e consistenti su pezzi di lavoro.

3. **Movimentazione di Materiali:** I robot industriali possono essere utilizzati per spostare materiali pesanti o oggetti in modo efficiente e sicuro. Questa funzione è comune nei magazzini automatizzati.

4. **Ispezione e Controllo di Qualità:** Alcuni robot industriali sono dotati di sensori avanzati per ispezionare pezzi di lavoro e rilevare difetti. Possono anche essere utilizzati per misurare con precisione dimensioni e caratteristiche.

5. **Lavori Pericolosi:** I robot industriali sono impiegati in ambienti pericolosi o insalubri, come la gestione di sostanze chimiche pericolose o l'estrazione di risorse naturali in aree remote.

Tipi di Robot Industriali:

1. **Robot Cartesiani:** Questi robot hanno bracci che si muovono lungo tre assi cartesiani, consentendo loro di eseguire movimenti lineari in modo preciso.

2. **Robot SCARA:** Gli SCARA (Selective Compliance Assembly Robot Arm) sono progettati per l'assemblaggio ad alta velocità. Hanno bracci multiarticolati con una disposizione specifica.

3. **Robot antropomorfi:** Questi robot hanno bracci simili a quelli umani e sono utilizzati in applicazioni che richiedono movimenti complessi e versatili, come la chirurgia robotica.

4. **Robot Delta:** Questi robot utilizzano una configurazione di braccio parallelo per movimenti rapidi e precisi. Sono comunemente utilizzati in applicazioni di picking e packing.

Applicazioni Comuni:

1. **Automotive:** L'industria automobilistica utilizza ampiamente robot industriali per l'assemblaggio, la verniciatura e la saldatura di veicoli.

2. **Elettronica:** Nella produzione di dispositivi elettronici, i robot eseguono il montaggio di schede elettroniche e la gestione di componenti sensibili.

3. **Alimentare e Bevande:** I robot industriali sono utilizzati per confezionare, etichettare e ispezionare prodotti alimentari e bevande.

4. **Farmaceutica:** Nella produzione farmaceutica, i robot assistono nella manipolazione di materiali e nell'assemblaggio di dispositivi medici.

5. **Logistica e Magazzini:** I robot collaborativi vengono utilizzati nei magazzini per movimentare merci, ottimizzare gli scaffali e gestire l'inventario.

6. **Agricoltura:** L'agricoltura di precisione impiega robot per il monitoraggio e la gestione dei campi, nonché per la raccolta automatizzata di prodotti.

I robot industriali contribuiscono all'automazione e all'efficienza delle operazioni di produzione in una vasta gamma di settori. La loro capacità di eseguire compiti ripetitivi, pericolosi o complessi ha trasformato l'industria moderna e continua a svolgere un ruolo chiave nell'evoluzione delle operazioni industriali. Nel prossimo capitolo, esploreremo altre applicazioni della robotica, tra cui la robotica di servizio e la robotica medica.

(3.2) Robot di Servizio.

I robot di servizio sono progettati per svolgere una serie di compiti utili nelle nostre vite quotidiane. Questi robot possono essere utilizzati in una varietà di contesti e settori, con l'obiettivo principale di migliorare la qualità della vita delle persone e semplificare le attività quotidiane. Di seguito, una panoramica dei robot di servizio, delle loro funzioni e delle applicazioni comuni.

Funzioni Principali:

1. **Assistenza Personale:** I robot di servizio possono assistere le persone anziane o disabili nelle attività quotidiane, come la preparazione dei pasti, l'igiene personale e la mobilità.

2. **Pulizia e Manutenzione:** Questi robot sono utilizzati per la pulizia domestica, la pulizia delle finestre, il taglio dell'erba e la manutenzione delle piscine.

3. **Consegna e Logistica:** Alcuni robot di servizio sono progettati per consegnare cibo, pacchi o altre merci, rendendo più efficienti i servizi di consegna.

4. **Educazione:** Nell'ambito dell'istruzione, i robot possono essere utilizzati come tutor o assistenti per aiutare gli studenti a imparare nuovi concetti.

5. **Salute e Assistenza Sanitaria:** I robot possono fornire servizi di monitoraggio remoto per pazienti o assistere il personale sanitario nelle attività quotidiane.

6. **Intrattenimento:** Alcuni robot di servizio sono progettati per intrattenere le persone, fornendo musica, conversazioni o giochi interattivi.

Tipi di Robot di Servizio:

1. **Robot Assistenziali:** Questi robot sono progettati per assistere le persone anziane o disabili nelle attività quotidiane. Possono includere robot per la mobilità, dispositivi di monitoraggio e robot per la cura.

2. **Robot di Pulizia:** Questi robot sono dotati di aspirapolvere o scope automatiche e possono pulire pavimenti, tappeti e superfici.

3. **Robot di Consegna:** Utilizzati in ambienti come ristoranti o magazzini, questi robot consegnano cibo o merci ai clienti o ai dipendenti.

4. **Robot Educativi:** Progettati per l'apprendimento interattivo, questi robot possono aiutare gli studenti a sviluppare competenze in vari argomenti.

5. **Robot Sanitari:** In ambito medico, questi robot possono assistere il personale sanitario nella gestione dei pazienti o nella somministrazione di farmaci.

6. **Robot di Intrattenimento:** Questi robot offrono intrattenimento attraverso musica, conversazioni o giochi.

Applicazioni Comuni:

1. **Robot Asistenziali per Anziani:** I robot come Paro, un robot foca terapeutica, aiutano le persone anziane a combattere la solitudine e migliorano il loro benessere emotivo.

2. **Robot Asistenziali per Disabili:** Robot come il wearable "Ekso Bionics" aiutano le persone con disabilità a recuperare la mobilità.

3. **Aspirapolvere Robot:** Prodotti come i robot aspirapolvere Roomba sono comunemente utilizzati per la pulizia domestica.

4. **Robot di Consegna Autonoma:** Nelle città, i robot di consegna autonoma stanno diventando sempre più comuni per consegnare cibo o pacchi ai clienti.

5. **Robot di Intrattenimento:** Il robot Pepper è noto per interagire con le persone e fornire un'esperienza di intrattenimento.

6. **Robot di Educazione:** Robot come il "Root" insegnano ai bambini i concetti di programmazione e matematica in modo divertente.

I robot di servizio stanno diventando una parte sempre più integrata della nostra vita quotidiana. La loro crescente adozione è guidata dalla continua innovazione tecnologica e dalla crescente consapevolezza dei benefici che possono portare nelle diverse aree dell'assistenza, dell'educazione, dell'intrattenimento e molto altro ancora. Nel prossimo capitolo, esploreremo ulteriori applicazioni della robotica, comprese le applicazioni nella medicina e nell'industria.

(3.3) Robot Medici.

I robot medici rappresentano una delle applicazioni più promettenti della robotica nell'ambito della sanità. Questi dispositivi, progettati per assistere medici, infermieri e operatori sanitari, offrono una serie di vantaggi che vanno dalla precisione chirurgica all'automazione di compiti ripetitivi. Di seguito, esploreremo i robot medici, le loro funzioni principali e le sfide legate alla loro implementazione.

Funzioni Principali:

1. **Chirurgia Assistita:** I robot chirurgici consentono ai medici di eseguire interventi chirurgici con una precisione straordinaria. Questi dispositivi sono utilizzati in procedure complesse come la chirurgia cardiaca, la chirurgia del cancro e la chirurgia laparoscopica.

2. **Diagnosi e Screening:** Alcuni robot medici sono progettati per assistere nella diagnosi di malattie attraverso l'analisi di immagini mediche, il monitoraggio dei segni vitali o la raccolta di campioni biologici.

3. **Rehabilitation e Terapia:** I robot possono essere utilizzati per la riabilitazione dei pazienti, ad esempio nell'allenamento motorio dopo un ictus o un infortunio.

4. **Consegna di Medicinali:** Robot autonomi possono consegnare farmaci e materiali medici nei reparti ospedalieri o nelle strutture di cura a lungo termine.

5. **Assistenza agli Operatori Sanitari:** Alcuni robot sono progettati per assistere il personale sanitario nel trasporto di materiali o nell'assistenza ai pazienti.

Tipi di Robot Medici:

1. **Robot Chirurgici:** Questi dispositivi assistono i chirurghi durante le procedure. Esempi noti includono il da Vinci Surgical System e il robot chirurgico ROSA.

2. **Robot di Diagnostica:** Questi robot possono eseguire test diagnostici, analizzare campioni biologici o fornire diagnosi preliminari.

3. **Robot di Riabilitazione:** Utilizzati nella riabilitazione fisica, questi robot aiutano i pazienti a recuperare la mobilità e la forza.

4. **Robot di Telemedicina:** Consentono la comunicazione a distanza tra medici e pazienti, rendendo possibile la consulenza medica virtuale.

5. **Robot di Consegna Medica:** Robot autonomi o droni possono consegnare farmaci e materiali medici in aree remote o in situazioni di emergenza.

Applicazioni Comuni:

1. **Chirurgia Robotica:** Il da Vinci Surgical System è ampiamente utilizzato in molte specialità chirurgiche, offrendo una maggiore precisione e una ripresa più rapida per i pazienti.

2. **Diagnostica e Imaging:** Alcuni robot possono assistere nella raccolta di dati medici come la risonanza magnetica o la tomografia computerizzata.

3. **Riabilitazione Robotica:** Robot come il ReWalk consentono a persone con lesioni spinali di camminare di nuovo.

4. **Telemedicina:** La pandemia di COVID-19 ha accelerato l'adozione di robot di telemedicina per la consultazione medica virtuale.

5. **Consegna di Farmaci:** In alcuni ospedali, i robot autonomi consegnano farmaci e materiali medici alle stanze dei pazienti.

La robotica medica sta rivoluzionando il settore sanitario, migliorando la precisione delle procedure, riducendo il tempo di recupero dei pazienti e consentendo l'accesso ai servizi medici in aree remote. Tuttavia, ci sono sfide legate alla sicurezza, alla regolamentazione e all'accettazione da parte dei pazienti che devono essere affrontate per massimizzare i benefici di questa tecnologia in evoluzione. Nel prossimo capitolo, esamineremo ulteriori applicazioni della robotica in settori diversi.

(3.4) Robot Sociali.

I robot sociali rappresentano un'interessante frontiera della robotica, poiché sono progettati non solo per eseguire compiti fisici o automatizzati ma anche per interagire con gli esseri umani in un modo che sia naturale e sociale. Questa categoria di robot è stata sviluppata con l'obiettivo di creare macchine in grado di comunicare, comprendere e persino emulare alcune delle dinamiche sociali umane. Qui esamineremo più da vicino i robot sociali, le loro funzioni principali e le sfide legate alla loro integrazione nella società.

Funzioni Principali:

1. **Interazione Sociale:** I robot sociali sono progettati per interagire con le persone in modo simile a come lo farebbe un essere umano. Possono riconoscere le espressioni facciali, rispondere verbalmente, e utilizzare il linguaggio del corpo per comunicare.

2. **Assistenza Personale:** Alcuni robot sociali sono progettati per fornire assistenza personale, ad esempio nell'aiutare le persone anziane o disabili con attività quotidiane come la preparazione dei pasti o la mobilità.

3. **Educazione e Formazione:** I robot sociali sono utilizzati nell'educazione, sia come tutor per i bambini che come formatori per adulti.

4. **Settore Servizi:** In ambienti come i negozi al dettaglio o gli hotel, i robot sociali possono fornire assistenza ai clienti, rispondere a domande e fornire informazioni.

5. **Terapia e Benessere:** Alcuni robot sociali vengono utilizzati per scopi terapeutici, ad esempio per interagire con pazienti affetti da disturbi mentali o emotivi.

6.

Tipi di Robot Sociali:

1. **Assistenti Domestici:** Questi robot sono progettati per aiutare nelle attività domestiche e assistere le persone anziane o disabili.

2. **Robot di Servizio:** Utilizzati in settori come la ristorazione, l'ospitalità e il commercio al dettaglio, questi robot interagiscono con i clienti e forniscono servizi.

3. **Robot Educativi:** Progettati per insegnare, questi robot possono essere utilizzati in ambienti scolastici o come tutor personali.

4. **Robot Terapeutici:** Utilizzati nella terapia occupazionale o in ambienti di assistenza sanitaria, questi robot possono migliorare il benessere dei pazienti attraverso l'interazione sociale.

5. **Robot di Compagnia:** Sono robot creati per offrire compagnia, specialmente per le persone anziane che potrebbero sentirsi soli.

Applicazioni Comuni:

1. **Pepper:** Creato da SoftBank Robotics, Pepper è un robot sociale utilizzato in settori come il commercio al dettaglio e l'ospitalità per interagire con i clienti e offrire assistenza.

2. **NAO:** NAO è un robot educativo utilizzato nelle scuole e nelle università per insegnare programmazione e promuovere l'educazione STEM.

3. **PARO:** Questo robot terapeutico simile a una foca è utilizzato per interagire con i pazienti affetti da demenza o altre condizioni simili.

4. **Jibo:** Sebbene sia stato interrotto, Jibo era un robot di compagnia che forniva un'interazione amichevole e assistenza leggera.

5. **ASIMO:** Anche se non è più in produzione, ASIMO di Honda rappresenta un esempio avanzato di robot umanoide utilizzato per scopi di ricerca e dimostrazione.

I robot sociali possono contribuire in modo significativo a migliorare la qualità della vita delle persone, ma ci sono importanti questioni etiche e di privacy da considerare, come il trattamento dei dati personali e la definizione dei limiti dell'interazione uomo-macchina. La ricerca e lo sviluppo continuano a progredire in questo campo affascinante, portando a ulteriori innovazioni nella robotica sociale. Nel prossimo capitolo, esploreremo altre applicazioni e sfide della robotica.

(3.5) Veicoli a Guida Autonoma.

I veicoli a guida autonoma rappresentano una delle applicazioni più rivoluzionarie della robotica nel settore dei trasporti. Questi veicoli sono progettati per operare senza la necessità di un conducente umano e sono dotati di sistemi avanzati di sensori, intelligenza artificiale e controllo autonomo. La guida autonoma offre numerosi vantaggi, tra cui un miglioramento della sicurezza stradale, una maggiore efficienza del traffico e una riduzione dell'impatto ambientale. Vediamo più da vicino come funzionano e quali sono le sfide associate ai veicoli autonomi.

Funzionamento dei Veicoli a Guida Autonoma:

1. **Sensori avanzati:** I veicoli autonomi sono equipaggiati con una serie di sensori, tra cui lidar, radar, telecamere e ultrasuoni. Questi sensori rilevano gli ostacoli, misurano la distanza dagli altri veicoli e monitorano le condizioni stradali.

2. **Intelligenza Artificiale:** L'IA è il cervello dei veicoli autonomi. I sistemi di intelligenza artificiale utilizzano i dati dei sensori per prendere decisioni in tempo reale, come il mantenimento della corsia, il controllo della velocità e la gestione del traffico.

3. **Controllo Autonomo:** Basandosi sulle decisioni dell'IA, il veicolo autonomo controlla direzione, accelerazione, frenata e

sterzata. Il tutto avviene senza l'intervento diretto di un conducente umano.

Livelli di Automazione:

L'industria dei veicoli autonomi utilizza una scala a 6 livelli per definire il grado di automazione di un veicolo:

- **Livello 0:** Nessuna automazione. L'intera guida è affidata all'essere umano.
- **Livello 1:** Automazione assistita. Il veicolo può assistere il conducente in alcune funzioni, ma richiede il coinvolgimento umano costante.
- **Livello 2:** Automazione parziale. Il veicolo può gestire alcune funzioni, come il mantenimento della corsia e il controllo della velocità, ma richiede la supervisione umana continua.
- **Livello 3:** Automazione condizionale. Il veicolo può gestire la guida in alcune situazioni, ma può richiedere al conducente di intervenire quando necessario.
- **Livello 4:** Automazione elevata. Il veicolo può gestire la guida in modo autonomo in molte situazioni, ma può richiedere l'intervento umano in circostanze eccezionali.
- **Livello 5:** Automazione completa. Il veicolo è completamente autonomo e non richiede un conducente umano in nessuna situazione.

Applicazioni e Impatto:

1. **Sicurezza Stradale:** I veicoli autonomi hanno il potenziale per ridurre significativamente gli incidenti stradali causati da errori umani, come distrazioni o guida in stato di ebbrezza.

2. **Efficienza del Traffico:** Grazie all'interconnessione e alla comunicazione tra veicoli autonomi, il traffico può fluire in modo più efficiente, riducendo i tempi di percorrenza e l'accumulo di veicoli.

3. **Riduzione dell'Inquinamento:** Gli algoritmi di guida autonoma possono ottimizzare il consumo di carburante, contribuendo a ridurre le emissioni inquinanti.

4. **Accessibilità:** I veicoli autonomi offrono una soluzione di mobilità per le persone anziane o disabili che potrebbero avere difficoltà a guidare.

5. **Trasporti Pubblici:** L'adozione dei veicoli autonomi potrebbe cambiare radicalmente il settore dei trasporti pubblici, offrendo servizi su richiesta e una migliore gestione delle flotte.

Sfide e Problemi:

1. **Sicurezza:** Garantire la sicurezza dei veicoli autonomi è una priorità assoluta, poiché qualsiasi malfunzionamento potrebbe avere gravi conseguenze.

2. **Legislazione e Normative:** Molti paesi stanno ancora sviluppando normative e leggi per regolare l'uso dei veicoli autonomi su strada.

3. **Privacy e Sicurezza Informatica:** La raccolta e la gestione dei dati dai veicoli autonomi sollevano questioni sulla privacy e sulla sicurezza informatica.

4. **Integrazione con Veicoli Convenzionali:** La coesistenza dei veicoli autonomi con quelli guidati da esseri umani richiede un'adeguata gestione del traffico e della sicurezza.

5. **Costi e Accessibilità:** La tecnologia dei veicoli autonomi è costosa, e il suo costo potrebbe rappresentare un ostacolo all'accesso per molte persone.

I veicoli autonomi rappresentano una delle rivoluzioni più significative nei trasporti e nella mobilità urbana. L'industria continua a investire in ricerca e sviluppo per migliorare l'affidabilità e la sicurezza di questa tecnologia, aprendo la strada a un futuro in cui i veicoli a guida autonoma saranno una parte integrante della nostra vita quotidiana. Nel prossimo capitolo, esploreremo ulteriori sfide e sviluppi nel campo della robotica.

Programmazione e Controllo dei Robot

(4.1) Programmazione dei Robot.

La programmazione dei robot è una parte fondamentale della robotica moderna, poiché determina il comportamento e le capacità dei robot. Questo capitolo esplorerà i vari aspetti della programmazione robotica, compresi i linguaggi di programmazione, le metodologie e le sfide coinvolte.

Linguaggi di Programmazione Robotica:

1. **Linguaggio di programmazione a basso livello:** Questi linguaggi sono utilizzati per controllare direttamente l'hardware dei robot. Sono efficaci ma richiedono una conoscenza dettagliata dell'architettura del robot. Esempi includono il linguaggio C e C++.

2. **Linguaggio di alto livello:** Sono linguaggi più user-friendly che semplificano la programmazione dei robot. Consentono ai programmatori di concentrarsi sul compito da eseguire anziché sull'hardware sottostante. Esempi includono Python e Java.

3. **Linguaggi di programmazione specifici per la robotica:** Alcuni linguaggi sono progettati appositamente per la robotica, consentendo una programmazione più intuitiva e specifica per il controllo dei movimenti e delle azioni dei robot. Esempi includono ROS (Robot Operating System) e Blockly.

Metodologie di Programmazione:

1. **Programmazione sequenziale:** Questa è la forma più basilare di programmazione robotica, in cui le istruzioni vengono eseguite in sequenza. Ad esempio, il robot può essere programmato per eseguire una serie di azioni in un ordine specifico.

2. **Programmazione basata su comportamento:** Invece di programmare azioni specifiche, il robot viene programmato per rispondere a determinati stimoli o situazioni con comportamenti predefiniti. Questo approccio è spesso utilizzato nei robot autonomi.

3. **Programmazione orientata agli eventi:** In questo approccio, il robot risponde agli eventi o alle condizioni che si verificano nell'ambiente circostante. Ad esempio, può essere programmato per reagire quando rileva un ostacolo.

4. **Apprendimento automatico e intelligenza artificiale:** Alcuni robot possono imparare dai dati e migliorare le loro prestazioni nel tempo. L'apprendimento automatico e le reti neurali sono utilizzati per questa programmazione avanzata.

Sfide nella Programmazione dei Robot:

1. **Complessità dell'ambiente:** L'ambiente in cui un robot opera può essere complesso e imprevedibile, rendendo difficile la programmazione per tutte le eventualità.

2. **Sensore e feedback:** La programmazione efficace di un robot spesso dipende dalla qualità dei dati provenienti dai sensori del robot e dalla capacità di interpretare questi dati in modo significativo.

3. **Rappresentazione della conoscenza:** I robot devono avere una rappresentazione chiara della conoscenza dell'ambiente e delle azioni disponibili per agire in modo intelligente.

4. **Sicurezza:** La programmazione dei robot deve tener conto della sicurezza, sia per il robot stesso che per le persone e gli oggetti nell'ambiente.

5. **Aggiornamenti e manutenzione:** La programmazione dei robot può richiedere aggiornamenti frequenti per affrontare nuove sfide o per migliorare le prestazioni.

La programmazione dei robot è un campo in continua evoluzione, con applicazioni in settori come la produzione, la sanità, l'esplorazione spaziale e molti altri. I progressi nella robotica continuano a spingere i confini delle capacità dei robot e offrono nuove opportunità per migliorare la nostra vita quotidiana. Nel prossimo capitolo, esploreremo ulteriori aspetti della robotica.

(4.2) Sistemi di Controllo Robotico.

I sistemi di controllo robotico sono il cuore pulsante di qualsiasi robot e svolgono un ruolo cruciale nella determinazione delle azioni e delle risposte del robot all'ambiente circostante. Questo capitolo esplorerà i diversi aspetti dei sistemi di controllo robotico, inclusi i tipi di controllo, i sensori utilizzati e le sfide associate.

Tipi di Controllo:

1. **Controllo a ciclo aperto:** In questo tipo di controllo, il robot esegue azioni preprogrammate senza ricevere feedback o informazioni sull'ambiente circostante. Questo rende il sistema meno adattabile a situazioni inaspettate ma può essere utilizzato per attività ripetitive e ben definite.
2. **Controllo a ciclo chiuso:** Questo è un tipo di controllo in cui il robot riceve feedback costante dall'ambiente attraverso i suoi sensori e utilizza queste informazioni per adattare le sue azioni in tempo reale. Questo approccio è fondamentale per i robot autonomi e per compiti in ambienti variabili.

Sensori Utilizzati nei Sistemi di Controllo:

1. **Sensori di posizione:** Questi sensori determinano la posizione del robot rispetto a un punto di riferimento o agli

oggetti circostanti. Esempi includono encoder, giroscopi e accelerometri.

2. **Sensori di distanza:** Questi sensori misurano la distanza tra il robot e gli oggetti circostanti e sono utilizzati per la navigazione e la prevenzione delle collisioni. Ultrasuoni e lidar sono esempi comuni.

3. **Sensori di visione:** Le telecamere e altri sensori visivi consentono ai robot di percepire il mondo circostante, riconoscere oggetti e persone e navigare in ambienti complessi.

4. **Sensori tattili:** Questi sensori rilevano il contatto fisico con oggetti o superfici e consentono ai robot di interagire con il mondo in modo più sensibile. Possono essere utilizzati in robotica medica e nell'industria manifatturiera.

5. **Sensori di temperatura e umidità:** Questi sensori monitorano le condizioni ambientali e possono essere utilizzati in applicazioni come la robotica agricola e la sorveglianza ambientale.

Sfide nei Sistemi di Controllo Robotico:

1. **Latency (Ritardo):** I sistemi di controllo devono essere in grado di rispondere in tempo reale alle informazioni dei sensori. Anche una breve latenza può comportare problemi di sicurezza o prestazioni.

2. **Precisione:** Per applicazioni che richiedono movimenti precisi, come la chirurgia robotica, i sistemi di controllo devono garantire un alto grado di precisione.

3. **Integrazione di dati multipli:** Nei robot avanzati, i dati provenienti da sensori multipli devono essere integrati in un unico sistema di controllo coerente.

4. **Sicurezza:** I sistemi di controllo robotico devono garantire che il robot operi in modo sicuro, evitando collisioni o danni a persone e oggetti.

5. **Adattabilità:** I robot devono essere in grado di adattarsi a situazioni inaspettate o variabili nell'ambiente, il che richiede un controllo flessibile.

6. **Efficienza energetica:** L'ottimizzazione dei sistemi di controllo è importante per garantire l'efficienza energetica dei robot, soprattutto in applicazioni mobili o alimentate a batteria.

I sistemi di controllo robotico sono in continua evoluzione, con progressi che consentono ai robot di svolgere una vasta gamma di compiti in modo sempre più autonomo ed efficiente. Nel prossimo capitolo, esploreremo ulteriori aspetti della robotica, tra cui le applicazioni in diversi settori industriali e sociali.

(4.3) Intelligenza Artificiale e Apprendimento dei Robot.

L'integrazione dell'intelligenza artificiale (IA) e dell'apprendimento automatico nei sistemi di controllo robotico sta rivoluzionando la robotica moderna. Questo capitolo esaminerà come l'IA e l'apprendimento consentono ai robot di adattarsi all'ambiente, apprendere da esperienze passate e svolgere compiti complessi.

Apprendimento Automatico:

1. **Apprendimento Supervisionato:** I robot possono apprendere da esempi forniti loro. Ad esempio, un robot per la raccolta di rifiuti potrebbe apprendere a riconoscere i tipi di rifiuti da raccogliere guardando immagini etichettate.

2. **Apprendimento Non Supervisionato:** In questo caso, i robot traggono informazioni da dati non etichettati. Ad esempio, un robot esploratore potrebbe utilizzare il clustering per identificare pattern inesplorati in un ambiente.

Reti Neurali Artificiali: Le reti neurali sono ampiamente utilizzate nell'apprendimento automatico dei robot. Queste strutture di dati, ispirate al cervello umano, consentono ai robot di riconoscere pattern complessi, come il riconoscimento di oggetti o la navigazione autonoma.

Apprendimento per Rinforzo: In situazioni in cui i robot devono prendere decisioni in tempo reale, l'apprendimento per rinforzo è essenziale. I robot ricevono ricompense o penalizzazioni basate sulle azioni intraprese, consentendo loro di apprendere comportamenti ottimali.

Trasferimento di Conoscenza: I robot possono condividere conoscenze tra di loro. Ad esempio, un'auto autonoma può condividere informazioni sulle condizioni stradali con altre auto nello stesso sistema.

IA e Visione Artificiale: L'IA è cruciale per la visione artificiale, consentendo ai robot di riconoscere oggetti, persone e ambienti. Questo è utilizzato in applicazioni come la guida autonoma e la sorveglianza.

Sfide nell'Apprendimento Automatico dei Robot:

1. **Data Quality (Qualità dei dati):** I dati di addestramento devono essere accurati e rappresentativi per garantire un'apprendimento efficace.
2. **Overfitting:** I modelli di apprendimento automatico possono diventare troppo specifici per i dati di addestramento e perdere generalità.
3. **Interpretabilità:** Alcuni algoritmi di apprendimento automatico, come le reti neurali profonde, possono essere difficili da

interpretare, rendendo difficile comprendere il motivo delle decisioni del robot.

4. **Etica:** Le questioni etiche riguardanti la responsabilità dei robot autonomi sono importanti da considerare.

L'IA e l'apprendimento automatico stanno portando la robotica a nuove vette, consentendo ai robot di svolgere compiti più sofisticati e di adattarsi a un mondo in continua evoluzione. Nel prossimo capitolo, esamineremo alcune delle applicazioni chiave della robotica in settori come la produzione, la medicina e la ricerca scientifica.

Applicazioni della Robotica

(5.1) Robotica nell'Industria Manifatturiera.

L'industria manifatturiera è stata una delle prime ad adottare la robotica, rivoluzionando i processi produttivi e migliorando l'efficienza. In questo capitolo, esploreremo il ruolo cruciale dei robot nell'industria manifatturiera.

Automazione dei Processi di Produzione:

1. **Assemblaggio:** I robot sono ampiamente utilizzati per l'assemblaggio di prodotti complessi. Possono posizionare, fissare e saldare componenti con precisione millimetrica.

2. **Imballaggio:** I robot con bracci robotici possono confezionare prodotti in modo efficiente, riducendo gli errori e accelerando il processo di confezionamento.

3. **Lavorazioni Specializzate:** I robot sono impiegati in lavorazioni specializzate come la fresatura, la saldatura, la verniciatura e la marcatura laser.

Vantaggi nella Produzione:

4. **Precisione:** I robot eseguono le azioni con precisione millimetrica, riducendo il margine di errore umano.

5. **Efficienza:** I robot possono lavorare ininterrottamente e a velocità costante, migliorando l'efficienza della produzione.

6. **Sicurezza:** I compiti pericolosi o che richiedono movimenti ripetitivi possono essere affidati ai robot per garantire la sicurezza dei lavoratori.

Automazione Flessibile:

7. **Programmabilità:** I robot possono essere rapidamente riprogrammati per adattarsi a nuovi prodotti o linee di produzione.

8. **Cooperazione Uomo-Robot:** La collaborazione tra lavoratori umani e robot sta diventando sempre più comune, con robot che assistono i lavoratori in compiti impegnativi.

Sfide e Considerazioni:

9. **Costi Iniziali:** L'implementazione di sistemi robotici può essere costosa, ma spesso si traduce in risparmi a lungo termine.

10. **Manutenzione:** I robot richiedono manutenzione periodica per garantire il loro corretto funzionamento.

11. **Formazione:** Il personale deve essere formato per lavorare con robot e comprendere i sistemi di controllo.

12. **Impatto sull'Occupazione:** L'automazione può cambiare la domanda di lavoro, richiedendo lavoratori specializzati per la gestione dei robot.

L'uso diffuso della robotica nell'industria manifatturiera ha portato a una maggiore efficienza e qualità dei prodotti, ma ha anche sollevato domande sulla sicurezza sul posto di lavoro e sul futuro dell'occupazione.

Nel prossimo capitolo, esploreremo altre applicazioni della robotica in settori come la medicina, l'agricoltura e l'esplorazione spaziale.

(5.2) Robotica nell'Assistenza Sanitaria.

La robotica sta rivoluzionando il settore dell'assistenza sanitaria, offrendo soluzioni innovative per migliorare la diagnosi, il trattamento e l'assistenza ai pazienti.

In questo capitolo, esploreremo il ruolo sempre più importante dei robot nell'ambito medico.

Robot Chirurgici:

1. **Chirurgia Assistita da Robot:** I robot chirurgici, come il sistema Da Vinci, consentono ai chirurghi di eseguire procedure complesse con maggiore precisione e controllo.
2. **Mininvasività:** La chirurgia robotica spesso implica incisioni più piccole, tempi di recupero più brevi e meno sanguinamento rispetto alla chirurgia tradizionale.

Assistenza ai Pazienti:

3. **Robot di Compagnia:** Alcuni robot sono progettati per fornire compagnia e supporto emotivo ai pazienti anziani o solitari.
4. **Assistenza a Persone con Disabilità:** I robot possono aiutare le persone con disabilità nelle attività quotidiane, come la mobilità o la gestione delle terapie.

Diagnosi e Monitoraggio:

5. **Telemedicina:** I robot consentono la telemedicina, consentendo ai medici di visitare virtualmente i pazienti e di effettuare diagnosi a distanza.

6. **Robot per la Raccolta di Dati:** Alcuni robot possono raccogliere dati vitali dai pazienti, facilitando il monitoraggio continuo della loro salute.

Sfide e Considerazioni:

7. **Costi:** L'acquisto e la manutenzione dei robot possono essere costosi, limitando l'accesso a tali tecnologie.

8. **Regolamentazioni:** La robotica medica è soggetta a rigorose regolamentazioni per garantire la sicurezza dei pazienti.

9. **Formazione:** Gli operatori sanitari devono essere addestrati per lavorare con i robot in modo efficace e sicuro.

10. **Privacy e Sicurezza:** La gestione dei dati medici e la sicurezza delle informazioni sono una preoccupazione fondamentale quando si utilizzano robot nella cura dei pazienti.

La robotica sta consentendo ai professionisti medici di offrire cure di alta qualità, personalizzate e accessibili. Tuttavia, è fondamentale affrontare le sfide legate ai costi, alla formazione e alla privacy per garantire che tali tecnologie siano accessibili e sicure per tutti i pazienti. Nel prossimo capitolo, esploreremo l'applicazione della robotica in altri settori, come l'industria agricola e l'esplorazione spaziale.

(5.3) Robotica nell'Esplorazione Spaziale.

L'esplorazione spaziale è uno dei campi in cui la robotica ha giocato un ruolo cruciale. I robot spaziali hanno contribuito significativamente alla nostra comprensione dell'universo e alla ricerca di possibili habitat spaziali per l'umanità. In questo capitolo, esamineremo come la robotica abbia rivoluzionato l'esplorazione spaziale.

Robot per l'Esplorazione Planetaria:

1. **Rover Marziani:** Rover come il famoso "Curiosity" di NASA esplorano la superficie di Marte, raccogliendo dati scientifici preziosi e cercando segni di vita passata o presente.
2. **Sonde e Veicoli Spaziali:** Le sonde spaziali, come la sonda Voyager, ci hanno fornito immagini e dati da lontani pianeti e dal sistema solare esterno.

Assemblaggio e Manutenzione:

3. **Stazione Spaziale Internazionale (ISS):** La ISS è un laboratorio orbitante dove i robot svolgono un ruolo cruciale nell'assemblaggio, nella manutenzione e nella ricerca scientifica.

Supporto Vitale per l'Umanità:

4. **Tecnologie per la Vita Nello Spazio:** I robot contribuiscono allo sviluppo di tecnologie per garantire la sopravvivenza umana nello spazio, dalla purificazione dell'acqua alla coltivazione di cibo.

Sfide e Considerazioni:

5. **Comunicazione a Distanza:** A causa delle enormi distanze nello spazio, il controllo remoto dei robot richiede una comunicazione con ritardo, rendendo essenziale una programmazione avanzata.
6. **Ambiente Spaziale Ostile:** Radiazioni, temperature estreme e vuoto spaziale impongono sfide uniche alla progettazione e all'operazione dei robot spaziali.

7. **Costi Elevati:** L'invio e il mantenimento di robot nello spazio possono essere costosi, il che richiede una pianificazione finanziaria attenta.

8. **Ricerca di Vita Extraterrestre:** La ricerca di vita su altri pianeti è una sfida complessa che richiede strumenti sofisticati e la massima accuratezza.

La robotica gioca un ruolo cruciale nell'esplorazione spaziale, consentendoci di esplorare mondi distanti e migliorare la nostra comprensione dell'universo.

Tuttavia, le sfide legate alla comunicazione a distanza, all'ambiente spaziale ostile e ai costi elevati richiedono una pianificazione attenta e una continua innovazione tecnologica.

Nel prossimo capitolo, esamineremo come la robotica abbia un impatto nei settori dell'agricoltura e dell'ambiente.

(5.4) Robotica nell'Agricoltura.

L'agricoltura è un settore cruciale per l'umanità e la robotica ha iniziato a rivoluzionare il modo in cui coltiviamo, raccogliamo e gestiamo le colture.

In questo capitolo, esploreremo come i robot agricoli abbiano il potenziale per migliorare l'efficienza e la sostenibilità dell'agricoltura.

Robot per la Coltivazione:

1. **Semina e Trapianto:** I robot agricoli possono seminare e trapiantare semi e piantine in modo uniforme e accurato, riducendo gli sprechi e aumentando i rendimenti.
2. **Raccolta:** I robot possono essere programmati per raccogliere frutta, verdura e altri prodotti agricoli maturi al momento giusto, riducendo i costi di manodopera e migliorando la qualità dei prodotti.

Monitoraggio e Gestione delle Colture:

3. **Sensori e Droni:** I sensori montati su robot o droni possono monitorare parametri come l'umidità del suolo, la temperatura e la crescita delle piante, consentendo ai coltivatori di prendere decisioni basate sui dati.
4. **Sistemi di Irrigazione Automatica:** I robot possono gestire sistemi di irrigazione in modo efficiente, fornendo l'acqua necessaria solo quando serve.

Benefici Ambientali e Sostenibilità:

5. **Riduzione dell'Uso di Pesticidi e Fertilizzanti:** La precisione dei robot agricoli consente una distribuzione mirata di pesticidi e fertilizzanti, riducendo il loro impatto ambientale.
6. **Minore Impatto sull'Uso del Suolo:** I robot agricoli possono lavorare in spazi ristretti o verticali, consentendo una maggiore efficienza nell'uso del suolo.

Sfide e Considerazioni:

7. **Costi Iniziali:** L'acquisto e la manutenzione dei robot agricoli possono essere costosi, il che potrebbe rappresentare una barriera per i piccoli agricoltori.

8. **Formazione e Integrazione:** Gli agricoltori devono essere addestrati all'uso di nuove tecnologie e integrare i robot nei loro processi esistenti.

9. **Normative e Regolamenti:** Le normative sull'uso di robot agricoli possono variare da regione a regione e devono essere prese in considerazione.

In conclusione, la robotica sta portando un cambiamento significativo nell'agricoltura, rendendola più efficiente e sostenibile.

Tuttavia, è importante affrontare le sfide legate ai costi, alla formazione e alla regolamentazione per massimizzare i benefici di questa tecnologia.

Nel prossimo capitolo, esamineremo come la robotica abbia un impatto nel settore dell'ambiente e della conservazione.

(5.5) Robotica nell'Edilizia e nelle Costruzioni.

Il settore dell'edilizia e delle costruzioni sta sperimentando una rivoluzione grazie all'adozione della robotica. In questo capitolo, esploreremo come i robot stiano trasformando la progettazione, la costruzione e la manutenzione delle strutture.

Robot nella Progettazione:

1. **Generazione di Design:** Gli algoritmi di intelligenza artificiale e i software avanzati possono generare progetti architettonici complessi, ottimizzando l'efficienza e l'estetica delle costruzioni.
2. **Simulazioni Virtuali:** I robot sono utilizzati per creare simulazioni virtuali che consentono ai progettisti e agli ingegneri di testare progetti e modifiche prima di realizzarli fisicamente.

Robot nella Costruzione:

3. **Stampa 3D:** I robot possono eseguire la stampa 3D di componenti edili, come pareti e travi, accelerando il processo costruttivo e riducendo i costi.
4. **Costruzione Modulare:** I robot possono assemblare elementi prefabbricati in modo preciso, riducendo il tempo di costruzione e aumentando la qualità delle strutture.

Manutenzione e Riparazioni:

5. **Robot Ispezionatori:** Robot autonomi possono ispezionare strutture edili, identificando danni o problemi strutturali.

6. **Robot per la Manutenzione:** Robot specializzati possono eseguire lavori di manutenzione e riparazione, aumentando la durata delle costruzioni.

Benefici Ambientali:

7. **Materiali Riciclabili:** La robotica può essere utilizzata per smontare edifici in modo da recuperare materiali per il riciclo.

8. **Riduzione degli Sprechi:** L'uso preciso dei materiali e la costruzione modulare riducono gli sprechi di risorse.

Sfide e Considerazioni:

9. **Integrazione con Lavoratori Umani:** La collaborazione tra robot e lavoratori umani richiede una pianificazione e una formazione adeguata.

10. **Sicurezza:** I robot devono essere programmati per operare in modo sicuro in ambienti di costruzione complessi e potenzialmente pericolosi.

11. **Costi Iniziali:** L'adozione di robotica in edilizia richiede investimenti iniziali significativi.

In sintesi, la robotica sta rivoluzionando l'industria edile, rendendo i processi di progettazione, costruzione e manutenzione più efficienti, sostenibili e sicuri. Tuttavia, è importante affrontare sfide come la sicurezza sul luogo di lavoro e l'integrazione tra lavoratori umani e robot per massimizzare i benefici di questa trasformazione. Nel prossimo capitolo, esploreremo il ruolo della robotica nella conservazione dell'ambiente e nella gestione delle risorse naturali.

Etica e Impatto Sociale della Robotica

(6.1) Impatto Economico della Robotica.

L'adozione sempre più diffusa della robotica sta avendo un impatto significativo sull'economia globale. In questo capitolo, esamineremo come la robotica influisce sui settori economici, sui mercati del lavoro e sulla crescita economica.

Crescita dell'Industria Robotica:

1. **Espansione del Mercato:** Il settore della robotica sta crescendo rapidamente, con un aumento delle vendite di robot

industriali e di servizio. Questa crescita è trainata dalla domanda delle aziende che cercano di automatizzare i processi e migliorare l'efficienza.

2. **Investimenti in Ricerca e Sviluppo:** Le aziende stanno investendo in ricerca e sviluppo per creare robot sempre più avanzati e adattabili alle esigenze dei clienti.

Impatto sui Mercati del Lavoro:

3. **Automatizzazione in Settori Industriali:** L'automatizzazione tramite robot sta cambiando i mercati del lavoro in settori come la produzione, dove alcuni lavori manuali vengono sostituiti da robot.

4. **Crescita dei Lavori Tecnici:** Al contempo, la robotica sta creando nuove opportunità di lavoro nel campo della manutenzione e della programmazione dei robot, nonché nella produzione di componenti robotici.

Efficienza e Riduzione dei Costi:

5. **Aumento dell'Efficienza:** Le aziende che adottano la robotica spesso vedono un aumento dell'efficienza operativa, riducendo i tempi di produzione e i costi.

6. **Produzione Locale:** La robotica consente una maggiore produzione locale, riducendo la dipendenza da catene di approvvigionamento globali.

Competitività Globale:

7. **Vantaggio Competitivo:** Le aziende che implementano con successo la robotica possono guadagnare un vantaggio competitivo sui mercati globali grazie a prodotti di alta qualità e tempi di consegna più rapidi.

Sfide Economiche:

8. **Disuguaglianza dei Redditi:** L'automatizzazione può portare a una maggiore disuguaglianza dei redditi se non si affrontano le sfide legate alla riconversione dei lavoratori.

9. **Costi Iniziali:** L'adozione della robotica comporta costi iniziali significativi, che possono rappresentare una sfida per le piccole imprese.

In conclusione, la robotica sta contribuendo in modo significativo all'evoluzione economica globale.

Sebbene comporti benefici in termini di efficienza e competitività, è essenziale affrontare le sfide legate ai cambiamenti nei mercati del lavoro e alla disuguaglianza dei redditi.

Nel prossimo capitolo, esploreremo come la robotica sta influenzando la ricerca e lo sviluppo in vari settori, dall'assistenza sanitaria all'agricoltura.

(6.2) Lavoro e Automazione.

La crescente automazione, alimentata dalla robotica e dall'intelligenza artificiale, sta rivoluzionando il mondo del lavoro in modi che influenzano sia i lavoratori che le imprese.

In questo capitolo, esamineremo l'impatto dell'automazione sul lavoro e le sfide e opportunità che essa comporta.

Automazione e Mercato del Lavoro:

1. **Sostituzione dei Lavori Manuali:** I robot e i sistemi automatizzati stanno sempre più sostituendo lavori manuali e ripetitivi nelle industrie manifatturiere, come l'assemblaggio e la produzione.
2. **Lavori Collaborativi:** L'automazione collaborativa, in cui i robot lavorano a fianco dei dipendenti umani, sta diventando più comune in settori come la logistica e la produzione.

Cambiamenti nei Requisiti di Lavoro:

3. **Competenze Tecniche:** I lavoratori devono sviluppare competenze tecniche per lavorare con robot e sistemi automatizzati. La formazione diventa cruciale.
4. **Lavori ad Alta Aggiunta di Valore:** Le mansioni che richiedono creatività, pensiero critico e decisioni complesse sono meno suscettibili di essere automatizzate.

Sfide Economiche e Sociali:

5. **Disuguaglianza dei Redditi:** L'automazione può contribuire all'accentuazione delle disuguaglianze economiche se non si affrontano adeguatamente le questioni di riconversione e riqualificazione dei lavoratori.

6. **Sostegno ai Lavoratori:** È importante sviluppare programmi di riqualificazione e di sostegno per i lavoratori che rischiano di perdere il loro impiego a causa dell'automazione.

Opportunità Economiche:

7. **Aumento dell'Efficienza:** L'automazione può migliorare l'efficienza e la produttività delle imprese, consentendo loro di crescere e competere a livello globale.

8. **Nuove Opportunità di Lavoro:** L'industria della robotica e dell'automazione stessa crea nuove opportunità di lavoro, specialmente nel campo della progettazione, della manutenzione e della programmazione dei sistemi automatizzati.

Impatto Settoriale:

9. **Settori Chiave:** L'automazione sta avendo un impatto significativo in settori come la produzione, la logistica, la sanità e i trasporti.

10. **Industrie Emergenti:** L'automazione sta dando vita a nuove industrie e opportunità imprenditoriali, come la

produzione di robot, lo sviluppo di software per l'automazione e la consulenza nell'implementazione di soluzioni automatizzate.

L'automazione sta cambiando profondamente il panorama del lavoro, con benefici in termini di efficienza ma anche con sfide legate all'occupazione e alla disuguaglianza.

Affrontare queste sfide richiederà una combinazione di politiche di riqualificazione, formazione e innovazione economica per garantire che i lavoratori possano prosperare in un mondo sempre più automatizzato.

Nel prossimo capitolo, esamineremo l'impatto dell'automazione su settori specifici, come l'assistenza sanitaria e l'agricoltura.

(6.3) Aspetti Etici e Legalità della Robotica.

L'ascesa della robotica ha sollevato questioni etiche e legali fondamentali che richiedono attenzione e regolamentazione. In questo capitolo, esploreremo alcuni dei principali aspetti etici e legali legati alla robotica.

Responsabilità Legale:

1. **Responsabilità dei Produttori:** Chi è responsabile quando un robot causa danni o danneggia proprietà? La legge dovrebbe definire chiaramente le responsabilità dei produttori e degli operatori dei robot.

2. **Responsabilità Autonoma:** Con l'automazione avanzata e l'intelligenza artificiale, i robot possono prendere decisioni autonome. Chi è responsabile quando un robot causa danni a causa di una decisione autonoma?

Sicurezza e Privacy:

3. **Minaccia alla Privacy:** L'uso diffuso di robot dotati di telecamere e sensori solleva preoccupazioni sulla privacy delle persone. Le leggi dovrebbero definire regole chiare sull'uso di tali dati.

4. **Sicurezza delle Reti e dei Dati:** I robot possono essere vulnerabili agli attacchi informatici. È fondamentale stabilire norme di sicurezza per proteggere i robot e i dati che raccolgono.

Impatto Sociale ed Etico:

5. **Sostituzione del Lavoro Umano:** L'automazione robotica potrebbe portare alla perdita di posti di lavoro umani. Come dovremmo affrontare questa sfida sociale?

6. **Disuguaglianza:** Se l'accesso ai robot avanzati è limitato a pochi, potrebbe aumentare la disuguaglianza. Come garantire un accesso equo alla robotica?

Robot con Intelligenza Artificiale:

7. **Etica della Decisione Autonoma:** I robot con intelligenza artificiale possono prendere decisioni che hanno impatti importanti sulla vita umana. Come possiamo garantire che queste decisioni siano etiche e rispettino i valori umani?

8. **Tracciabilità e Spiegabilità:** I robot con intelligenza artificiale devono essere in grado di spiegare le loro decisioni. Questo solleva domande su come garantire la spiegabilità delle decisioni complesse.

Regolamentazione Globale:

9. **Coordinamento Internazionale:** Poiché la robotica è un settore globale, la regolamentazione dovrebbe essere coordinata a livello internazionale per affrontare questioni etiche e legali in modo uniforme.

10. **Standard Etici Universali:** Dovrebbero essere stabiliti standard etici universali per la robotica, guidati da valori come la sicurezza, la privacy e la responsabilità.

L'aspetto etico e legale della robotica è in evoluzione e richiede un dialogo continuo tra legislatori, eticisti, sviluppatori e la società nel suo complesso. La sfida sta nel trovare un equilibrio tra promuovere l'innovazione e la crescita tecnologica e proteggere i diritti, la sicurezza e la dignità umana.

Nel prossimo capitolo, esamineremo l'impatto economico e settoriale della robotica in settori specifici.

Ricerca e Sviluppo nella Robotica

(7.1) Tendenze Attuali nella Ricerca Robotica.

La ricerca nella robotica è in costante evoluzione, spinta dall'obiettivo di sviluppare robot più avanzati e utili per una vasta gamma di applicazioni.

In questo capitolo, esploreremo alcune delle tendenze attuali nella ricerca robotica che stanno definendo il futuro di questa disciplina.

1. Intelligenza Artificiale e Apprendimento Profondo:

Uno dei principali motori dell'innovazione nella robotica è l'intelligenza artificiale (IA) e, in particolare, l'apprendimento profondo.

I ricercatori stanno sviluppando algoritmi di apprendimento profondo che consentono ai robot di apprendere autonomamente da dati sensoriali complessi, migliorando la loro capacità di percezione e interazione con l'ambiente.

2. Robotica Morbida e Flessibile:

La robotica morbida si concentra su robot flessibili e conformi, ispirati alla biologia.

Questi robot possono essere utilizzati in una varietà di applicazioni, come la chirurgia minimamente invasiva, la manipolazione delicata di oggetti e il monitoraggio ambientale.

3. Robotica Collaborativa:

L'interazione sicura e intuitiva tra esseri umani e robot sta diventando sempre più importante.

I ricercatori stanno lavorando su sistemi robotici collaborativi che possono lavorare a fianco degli esseri umani in modo sicuro e efficiente, aprendo nuove opportunità in settori come la produzione e l'assistenza sanitaria.

4. Miniaturizzazione e Robotica a Scala Nanometrica:

La miniaturizzazione è una tendenza chiave nella ricerca robotica.

La robotica a scala nanometrica mira a creare robot microscopici che possono essere utilizzati per scopi medici, ambientali e industriali, tra gli altri.

5. Robotica Biomimetica:

I ricercatori stanno spesso prendendo ispirazione dalla natura per progettare robot che imitano il comportamento e la morfologia degli organismi viventi. Questa approccio, noto come robotica biomimetica, può portare a soluzioni innovative in settori come la locomozione e la manipolazione.

6. Robotica in Ambienti Estremi:

I robot possono essere utilizzati per esplorare ambienti ostili e pericolosi, come lo spazio, il fondo marino e le aree inaccessibili agli esseri umani.

La ricerca si concentra sulla progettazione di robot robusti in grado di operare in queste condizioni estreme.

7. Etica e Robotica Sociale:

Con l'aumento dell'uso di robot sociali nei contesti di assistenza sanitaria e di servizio, la ricerca si sta concentrando sulla comprensione delle implicazioni etiche e sociali di questa interazione. Come dovrebbero comportarsi i robot sociali per rispettare la dignità e la privacy umana?

8. Robotica Quantistica:

La robotica quantistica è un'area di ricerca emergente che sfrutta i principi della meccanica quantistica per creare sistemi robotici altamente avanzati, come sensori e computer quantistici, che potrebbero rivoluzionare la robotica e la computazione stessa.

9. Sistemi Multi-Robot:

L'uso di sistemi multi-robot, in cui più robot lavorano insieme in modo coordinato, sta guadagnando terreno. Questa ricerca è fondamentale per applicazioni come la robotica di squadra, la mappatura ambientale e la logistica.

10. Robotica Sostenibile:

La robotica sta contribuendo anche alla sostenibilità ambientale attraverso applicazioni come l'agricoltura di precisione, il riciclaggio automatizzato e la gestione efficiente delle risorse energetiche.

Queste sono solo alcune delle tendenze chiave nella ricerca robotica.

La robotica è un campo interdisciplinare in cui convergono la meccanica, l'elettronica, l'informatica e l'intelligenza artificiale, e il suo potenziale per innovazioni future è enorme.

La collaborazione tra ricercatori, industria e istituzioni accademiche è essenziale per guidare ulteriori progressi in questo campo dinamico.

(7.2) Innovazioni Future e Sfide da Affrontare.

Mentre la robotica continua a evolversi a un ritmo accelerato, si prevedono molte innovazioni future che cambieranno il nostro modo di lavorare, vivere e interagire con il mondo.

Tuttavia, queste innovazioni sono accompagnate da sfide significative che richiedono attenzione e soluzioni creative.

In questo capitolo, esploreremo alcune delle potenziali innovazioni future e le sfide da affrontare nella robotica.

Innovazioni Future:

1. **Robot Autonomi e Intelligenti:** I robot del futuro saranno in grado di apprendere in modo autonomo dall'esperienza, di adattarsi a nuove situazioni e di prendere decisioni complesse. Questa intelligenza avanzata consentirà loro di svolgere una vasta gamma di compiti, dalla guida autonoma alla diagnosi medica.

2. **Interazione Uomo-Robot Migliorata:** Le innovazioni nell'interfaccia uomo-robot renderanno l'interazione con i robot più intuitiva ed efficace. L'uso di gesti, linguaggio naturale e realtà virtuale consentirà una comunicazione più fluida.

3. **Miniaturizzazione e Robotica Microscopica:** I robot del futuro saranno più piccoli e versatili. Questa miniaturizzazione li renderà utili in settori come la medicina, dove potranno essere utilizzati per la diagnosi e la consegna di farmaci mirati.

4. **Evoluzione della Robotica Morbida:** I robot morbidi e flessibili saranno utilizzati in applicazioni ancora più delicate, come la chirurgia, dove potranno accedere a zone difficilmente raggiungibili.

5. **Sistemi Multi-Robot:** La collaborazione tra robot diventerà comune, con sistemi multi-robot che lavorano insieme in modo coordinato per compiti complessi, come l'assemblaggio di prodotti o la ricerca ambientale.

Sfide da Affrontare:

1. **Sicurezza e Privacy:** Con l'uso diffuso di robot intelligenti e connessi, sorgono preoccupazioni sulla sicurezza dei dati e sulla privacy. È fondamentale garantire che i robot siano protetti da intrusioni e che rispettino la privacy delle persone con cui interagiscono.

2. **Impatto sull'Occupazione:** L'automazione avanzata potrebbe portare a cambiamenti significativi nel mercato del lavoro, con alcune professioni che rischiano di essere sostituite dai robot. È necessario affrontare le sfide legate alla riconversione professionale e alla creazione di nuove opportunità lavorative.

3. **Etica e Regolamentazione:** La robotica solleva questioni etiche complesse, come l'attribuzione di responsabilità in caso di incidenti con robot autonomi e le implicazioni sociali dei robot sociali.

4. È essenziale sviluppare linee guida etiche e regolamentazioni appropriate.

5. **Costi e Accessibilità:** Nonostante le innovazioni, alcuni robot avanzati possono ancora essere costosi. È importante garantire l'accessibilità di queste tecnologie per evitare divari socio-economici.

6. **Manutenzione e Durata:** I robot richiedono manutenzione, e la loro durata può essere limitata. Sviluppare robot più robusti e sostenibili è un obiettivo importante.

7. **Accettazione Sociale:** La diffusione di robot nell'ambiente di lavoro e nella vita quotidiana richiede che siano accettati e compresi dalla società. La comunicazione e l'educazione pubblica sono fondamentali per superare la resistenza.

La robotica è una disciplina in continua crescita e rappresenta un campo affascinante e in continua evoluzione.

L'equilibrio tra l'innovazione tecnologica e l'attenzione alle sfide etiche e sociali sarà essenziale per sfruttare appieno il potenziale di questa rivoluzionaria tecnologia.

Robotica nel Futuro

(8.1) Ruolo della Robotica nell'Evoluzione della Società.

La robotica ha un impatto significativo sull'evoluzione della società e contribuisce in modo sostanziale a plasmare il nostro futuro. In questo capitolo, esamineremo il ruolo della robotica nella società e come sta influenzando diversi aspetti della nostra vita quotidiana e dello sviluppo sociale.

Automazione e Innovazione Industriale:

La robotica è diventata un pilastro fondamentale nell'automazione industriale. Le catene di montaggio robotizzate, guidate da robot industriali, aumentano l'efficienza e riducono gli errori umani nei processi di produzione. Ciò porta a una maggiore produzione e a prodotti di migliore qualità.

Cambiamenti nel Mondo del Lavoro:

L'introduzione di robot nei luoghi di lavoro sta causando cambiamenti significativi nel mondo del lavoro. Alcune mansioni ripetitive e pericolose vengono automatizzate, liberando gli esseri umani da compiti noiosi e potenzialmente dannosi.

Tuttavia, questo può anche portare a preoccupazioni sull'occupazione, con alcune professioni che rischiano di essere sostituite dai robot. La società deve affrontare queste sfide attraverso la riconversione professionale e la creazione di nuove opportunità lavorative legate alla robotica.

Assistenza Sanitaria e Robotica Medica:

La robotica sta rivoluzionando il settore sanitario. Robot chirurgici consentono interventi più precisi e minimamente invasivi, riducendo i tempi di recupero dei pazienti. Inoltre, i robot di assistenza sono impiegati per aiutare le persone anziane e disabili nelle attività quotidiane, migliorando la loro qualità di vita.

Esplorazione Spaziale e Ambientale:

I robot giocano un ruolo essenziale nell'esplorazione spaziale e nella ricerca ambientale. Le sonde spaziali e i rover marziani raccolgono dati vitali per la comprensione del nostro sistema solare e oltre. Inoltre, i robot sottomarini e terrestri vengono utilizzati per esplorare e monitorare l'ambiente, aiutando a preservare e proteggere il nostro pianeta.

Educazione e Apprendimento:

La robotica è utilizzata nell'istruzione per coinvolgere gli studenti nell'apprendimento STEM (Scienza, Tecnologia, Ingegneria e Matematica). I robot educativi insegnano ai giovani principi di programmazione e problem-solving in modo divertente e interattivo.

Rivoluzione nell'Industria dell'Intrattenimento:

I robot sono protagonisti nell'industria dell'intrattenimento, dai robot utilizzati nei parchi a tema e nei film di fantascienza ai robot domestici che offrono compagnia e assistenza in casa.

Sostenibilità Ambientale:

La robotica viene utilizzata per affrontare problemi ambientali, come la raccolta dei rifiuti, la riparazione delle infrastrutture e la monitoraggio delle risorse naturali. Ciò contribuisce a promuovere la sostenibilità ambientale.

In sintesi, la robotica sta rivoluzionando diversi aspetti della società, portando benefici significativi in termini di efficienza, innovazione e miglioramento della qualità della vita. Tuttavia, questa trasformazione richiede un approccio responsabile ed etico per gestire le sfide e massimizzare i vantaggi di questa tecnologia in costante evoluzione. La società deve essere pronta ad adattarsi a questa nuova era della robotica.

(8.2) Sintesi dei Benefici e dei Rischi Associati alla Robotica

La robotica offre una vasta gamma di benefici e opportunità, ma comporta anche rischi e sfide che richiedono una gestione attenta e responsabile. In questo capitolo, faremo una sintesi dei principali vantaggi e delle preoccupazioni legate alla robotica.

Benefici Principali:

1. **Aumento dell'Efficienza:** I robot possono svolgere compiti ripetitivi e noiosi con una precisione costante, aumentando l'efficienza nei processi produttivi e riducendo gli errori umani.
2. **Sicurezza Migliorata:** Nei settori pericolosi, come l'industria chimica o nucleare, i robot possono essere impiegati per eseguire compiti senza mettere a rischio la vita umana.

3. **Avanzamenti Medici:** La robotica chirurgica consente procedure più precise e meno invasive, riducendo il dolore e accelerando il recupero dei pazienti.

4. **Autonomia nei Trasporti:** I veicoli autonomi promettono di ridurre gli incidenti stradali, migliorare l'efficienza del trasporto e ridurre l'inquinamento.

5. **Assistenza Personale:** Robot di servizio possono migliorare la qualità della vita per anziani o disabili, offrendo assistenza nelle attività quotidiane.

Rischi e Sfide Principali:

1. **Perdita di Lavoro:** L'automazione potrebbe portare alla sostituzione di lavoratori umani, soprattutto in compiti a bassa qualifica, causando disoccupazione o sottoccupazione.

2. **Privacy e Sicurezza:** La raccolta di dati da parte dei robot può sollevare preoccupazioni sulla privacy e la sicurezza delle informazioni personali.

3. **Dipendenza Tecnologica:** Un'eccessiva dipendenza dalla robotica potrebbe rendere la società vulnerabile a guasti tecnici o attacchi informatici.

4. **Sfiducia e Paura:** La diffidenza nei confronti della robotica, spesso alimentata da rappresentazioni negative nei media, può ostacolare l'adozione di queste tecnologie.

5. **Impatto Etico:** Le decisioni autonome dei robot sollevano domande etiche, come chi è responsabile in caso di incidenti causati da robot autonomi.

6. **Disuguaglianza:** L'accesso alla robotica avanzata potrebbe creare divari tra le nazioni e all'interno delle società, con alcune persone che beneficiano più di altre.

7. **Sostenibilità:** La produzione e lo smaltimento di robot possono avere un impatto sull'ambiente, richiedendo attenzione alla sostenibilità.

8. **Regolamentazione:** La mancanza di normative chiare può portare a un utilizzo incontrollato e irresponsabile della robotica.

In conclusione, la robotica è una tecnologia potente che offre enormi vantaggi ma presenta anche sfide significative. La chiave per massimizzare i benefici della robotica e mitigare i rischi sta nella regolamentazione responsabile, nella formazione e nell'adozione di politiche etiche. È importante che la società, le aziende e i governi lavorino insieme per guidare lo sviluppo della robotica in modo sostenibile ed equo.

(8.3) Ruolo Chiave della Robotica nella Moderna Innovazione e Progresso Tecnologico.

La robotica riveste un ruolo fondamentale nell'innovazione e nel progresso tecnologico della società moderna. In questo capitolo, esploreremo come la robotica contribuisce all'evoluzione della tecnologia e influenza diversi settori.

Automazione Industriale: La robotica ha rivoluzionato l'automazione industriale. I robot nelle catene di produzione accelerano la produzione, riducono gli errori e aumentano la qualità dei prodotti. Ciò ha un impatto diretto sull'efficienza delle industrie manifatturiere.

Medicina e Chirurgia: La robotica chirurgica consente procedure più precise e meno invasive. I robot assistiti da chirurghi eseguono operazioni complesse con minore trauma per i pazienti e tempi di recupero più brevi.

Esplorazione Spaziale: Nell'esplorazione spaziale, i robot esploratori e gli strumenti robotici sono fondamentali. Hanno contribuito a raccogliere dati da Marte e da altre missioni spaziali, consentendo una migliore comprensione dell'universo.

Agricoltura: I robot agricoli, noti come "agribot," stanno rivoluzionando il settore agricolo. Possono seminare, raccogliere e monitorare le colture in modo efficiente, contribuendo alla sicurezza alimentare globale.

Assistenza Sanitaria: I robot di servizio nella sanità assistono anziani e pazienti con disabilità. Ci sono anche robot che somministrano farmaci e supportano la diagnosi medica.

Educazione: La robotica educativa è diventata un modo efficace per insegnare ai giovani concetti STEM (Scienza, Tecnologia, Ingegneria e Matematica). I robot educativi aiutano gli studenti a sviluppare competenze di risoluzione dei problemi e programmazione.

Trasporti: I veicoli autonomi, alimentati dalla robotica, stanno rivoluzionando il settore dei trasporti. Veicoli senza conducente potrebbero ridurre gli incidenti stradali e aumentare l'efficienza del trasporto pubblico.

Industria dei Servizi: I robot nei settori dei servizi, come la ristorazione e l'ospitalità, stanno aumentando l'efficienza e migliorando l'esperienza del cliente.

Sostenibilità: La robotica sta contribuendo alla sostenibilità ambientale. I robot possono essere impiegati nella raccolta differenziata dei rifiuti, nell'agricoltura sostenibile e nel monitoraggio dell'inquinamento.

Innovazione Futura: Il campo della robotica continua a innovare con l'uso di intelligenza artificiale avanzata, sensori più sofisticati e materiali avanzati. Ciò aprirà nuove opportunità in settori ancora inesplorati.

In sintesi, la robotica è una forza trainante per l'innovazione e il progresso tecnologico in una varietà di settori. Il suo impatto sulla società moderna è evidente attraverso una maggiore efficienza, una migliore qualità di vita e nuove opportunità in settori emergenti. La robotica continuerà a svolgere un ruolo centrale nel plasmare il futuro tecnologico.

Capitolo 4

Blockchain

Introduzione a Blockchain

(1.1) Definizione di Blockchain

La Blockchain è una tecnologia rivoluzionaria che funge da registro digitale distribuito e immutabile, registrando in modo sicuro e trasparente transazioni e dati attraverso una rete decentralizzata di nodi.

(1.2)Storia dello sviluppo di Blockchain

La storia dello sviluppo di Blockchain è una narrazione di innovazione e progresso tecnologico che ha rivoluzionato il modo in cui archiviamo, gestiamo e trasferiamo dati e valore.

Il concetto di Blockchain è emerso per la prima volta nel contesto del Bitcoin, la prima criptovaluta, che è stata introdotta nel 2009 da un individuo o gruppo sotto lo pseudonimo di Satoshi Nakamoto. Questo evento rappresenta un momento fondamentale nella storia di Blockchain.

La Blockchain è stata originariamente concepita come il registro pubblico e distribuito di tutte le transazioni di Bitcoin.

Il suo obiettivo principale era risolvere il problema del "double spending" (doppia spesa) senza la necessità di un'autorità centrale di controllo. Questo concetto si basava su una struttura a catena di blocchi, in cui ciascun blocco conteneva un insieme di transazioni verificate e collegato al blocco precedente.

Questo design rendeva estremamente difficile apportare modifiche retroattive ai dati delle transazioni, fornendo così un alto livello di sicurezza e affidabilità.

Nel corso dei primi anni, Bitcoin e la sua Blockchain hanno guadagnato l'attenzione della comunità tecnologica e finanziaria. Tuttavia, la vera rivoluzione è iniziata quando le persone hanno iniziato a riconoscere il potenziale di questa tecnologia al di là delle criptovalute. Nel 2013, sono stati sviluppati i primi progetti che utilizzavano la Blockchain per scopi diversi da Bitcoin, aprendo la strada a nuove applicazioni.

Nel 2015, Ethereum, una piattaforma di contratti intelligenti basata su Blockchain, è stata lanciata da Vitalik Buterin. Ethereum ha consentito agli sviluppatori di creare applicazioni decentralizzate (DApps) sfruttando la sua Blockchain.

Questo ha aperto la strada a una nuova era di innovazione e sviluppo, con innumerevoli progetti che esplorano il potenziale di Blockchain in vari settori, tra cui finanziario, assicurativo, sanitario, logistico e molto altro.

Oltre agli utilizzi commerciali, la Blockchain ha anche suscitato interesse da parte dei governi e delle organizzazioni internazionali. Molti cercano di comprendere come regolamentare questa tecnologia emergente e come sfruttarla per migliorare i servizi pubblici e la trasparenza.

La storia di Blockchain è costellata di innovazioni, sfide e opportunità.

(1.3)Concetti chiave di Blockchain

La tecnologia Blockchain è intrisa di concetti chiave che ne definiscono il funzionamento e le potenzialità.

Comprendere questi concetti è fondamentale per avere una visione completa di come funziona questa tecnologia e di come sta cambiando il panorama digitale.

Di seguito, esploreremo alcuni dei concetti più rilevanti legati alla Blockchain:

1. **Decentralizzazione**: La Blockchain opera in un ambiente decentralizzato, il che significa che non esiste un'autorità centrale o intermediari che controllano la rete. Invece, le transazioni e i dati vengono convalidati e registrati da una rete distribuita di nodi (computer) che collaborano tra loro. Questo rende la Blockchain resistente a manipolazioni o attacchi centralizzati.

2. **Registro Pubblico e Distribuito**: La Blockchain è un registro digitale pubblico e accessibile a chiunque. Ogni partecipante della rete ha una copia completa della Blockchain, che viene costantemente aggiornata con nuove transazioni. Ciò garantisce la trasparenza e l'immunità contro la contraffazione dei dati.

3. **Catena di Blocchi (Blockchain)**: Una Blockchain è composta da una serie di blocchi, ognuno dei quali contiene un insieme di transazioni. I blocchi sono concatenati in ordine cronologico, e ciascun blocco contiene un riferimento al blocco precedente, creando una catena di blocchi. Questa struttura rende estremamente difficile modificare o eliminare dati passati.

4. **Criptografia**: La Blockchain utilizza tecniche avanzate di crittografia per proteggere i dati. Le chiavi crittografiche vengono utilizzate per firmare digitalmente le transazioni e garantire l'identità del mittente. Inoltre, la crittografia viene utilizzata per proteggere l'integrità dei dati nei blocchi.

5. **Consensus**: Il consenso è il processo mediante il quale la rete di nodi raggiunge un accordo sulla validità delle transazioni da includere nella Blockchain. Esistono vari meccanismi di consenso, tra cui la "Prova di Lavoro" (Proof of Work) utilizzata da Bitcoin e la "Prova di Partecipazione" (Proof of Stake) utilizzata da molte altre Blockchain. Il consenso garantisce che tutte le copie della Blockchain rimangano coerenti.

6. **Smart Contracts**: I contratti intelligenti sono programmi autonomi eseguiti sulla Blockchain. Possono automatizzare processi, eseguire azioni quando vengono soddisfatte determinate condizioni e, in generale, consentire l'esecuzione automatica di accordi senza intermediari. Sono una caratteristica chiave di Blockchain come Ethereum.

7. **Criptovalute**: Le criptovalute sono monete digitali basate su Blockchain. Bitcoin è la criptovaluta più conosciuta, ma ve ne sono molte altre. Le criptovalute consentono il trasferimento di valore peer-to-peer senza la necessità di banche o intermediari finanziari.

8. **Immutabilità**: Una volta che una transazione è stata confermata e inclusa nella Blockchain, diventa immutabile, ossia non può essere modificata o cancellata. Questo concetto è cruciale per la sicurezza e l'affidabilità delle registrazioni su Blockchain.

Questi sono solo alcuni dei concetti chiave che definiscono la Blockchain.

Comprendere come questi elementi si integrano tra loro è fondamentale per apprezzare appieno il potenziale e le applicazioni di questa tecnologia innovativa.

Nel corso di questo capitolo, approfondiremo ulteriormente ciascuno di questi concetti e ne esploreremo le implicazioni nel mondo digitale e oltre.

Tecnologia Blockchain

(2.1) Struttura di una catena di blocchi (Blockchain)

La struttura di una catena di blocchi, comunemente nota come Blockchain, è uno degli aspetti fondamentali che rendono questa tecnologia così innovativa e sicura. Questo concetto fornisce un'idea chiara di come le informazioni vengano organizzate e immagazzinate all'interno di una Blockchain. Di seguito, esaminiamo più da vicino la struttura di una catena di blocchi:

1. Blocchi: La Blockchain è costituita da una sequenza di "blocchi" di informazioni. Ciascun blocco contiene un gruppo di transazioni o dati. Ad esempio, in una Blockchain di criptovalute come Bitcoin, un blocco conterrà un elenco di transazioni avvenute entro un determinato periodo di tempo, generalmente di circa 10 minuti.

2. Hash del Blocco Precedente: Ogni blocco ha un campo speciale chiamato "hash del blocco precedente." Questo hash è una sorta di impronta digitale del blocco precedente nella catena. Serve a collegare i blocchi in ordine cronologico e garantisce che nessuno possa modificare un blocco senza influenzare tutti i blocchi successivi.

3. Timestamp: Ogni blocco contiene un timestamp che indica quando è stato creato. Questo timestamp rende possibile

l'organizzazione cronologica dei blocchi e contribuisce a garantire l'integrità dei dati.

4. Transazioni o Dati: Questa è la parte principale del blocco, che può contenere una serie di transazioni o altri dati, a seconda dell'uso specifico della Blockchain. Ad esempio, in una Blockchain di approvvigionamento, i blocchi potrebbero contenere dati sulle spedizioni e le consegne.

5. Nonce: Il "nonce" è un numero casuale che viene utilizzato nel processo di mining per cercare di trovare un valore di hash accettabile. I miner regolano il nonce in modo da ottenere un hash del blocco che soddisfi determinati criteri, come in Bitcoin, dove l'hash deve iniziare con un certo numero di zeri.

6. Hash del Blocco Corrente: Il blocco stesso ha un proprio hash, noto come "hash del blocco corrente." Questo hash è calcolato in base ai contenuti del blocco, compresi il hash del blocco precedente e il nonce. Poiché il nonce può essere regolato solo sperimentalmente, trovare un hash del blocco che soddisfi i criteri richiede tempo ed energia.

7. Prova di Lavoro (Proof of Work): In alcune Blockchain, come Bitcoin, il processo di mining richiede che i miner risolvano un complicato problema matematico per trovare un nonce valido. Questa è la "prova di lavoro," ed è ciò che rende così difficile e costoso modificare blocchi esistenti, poiché richiederebbe enormi risorse computazionali.

8. Catena Continua: Una volta che un blocco è stato creato e il suo hash è stato calcolato, viene aggiunto alla catena

esistente di blocchi. Questo collegamento tra blocchi, realizzato attraverso l'hash del blocco precedente, crea una catena continua di blocchi che è facilmente verificabile e resiste a modifiche retroattive.

Invio della Transazione: Una volta completata la transazione, viene inviata alla rete Blockchain per la verifica e l'inclusione nei blocchi. La transazione può essere inviata utilizzando un'applicazione o un software specifico per la Blockchain.

Verifica della Transazione: La rete Blockchain, composta da nodi distribuiti, riceve la transazione e la verifica. I nodi verificano la firma digitale per assicurarsi che la transazione sia legittima e che il mittente abbia abbastanza fondi per coprire l'importo della transazione.

Inclusione nella Catena di Blocchi: Dopo la verifica, la transazione viene inclusa in un nuovo blocco della Blockchain. Questo blocco verrà poi collegato al blocco precedente, creando una catena di blocchi continua e immutabile.

Conferma: In molte Blockchain, specialmente quelle di criptovaluta, una transazione richiede più conferme prima di essere considerata definitiva. Ogni blocco successivo aggiunto alla Blockchain aumenta la sicurezza della transazione. Il numero di conferme richieste può variare da Blockchain a Blockchain.

Esecuzione della Transazione: La transazione è ora completata. Il destinatario riceve gli asset o i dati specificati nella transazione, e la Blockchain registra la transazione in modo permanente.

Tracciabilità: Un aspetto unico delle transazioni Blockchain è la loro completa tracciabilità. Poiché ogni transazione è registrata in modo permanente e pubblico su una Blockchain, è possibile seguire la storia di qualsiasi risorsa o attività fino alla sua origine.

Costi delle Transazioni: In alcune Blockchain, potrebbe essere richiesto un costo, noto come "tassa di transazione" o "gas" (nel caso di Ethereum), per l'inclusione di una transazione. Questo costo va ai miner che lavorano alla verifica e all'inclusione della transazione nei blocchi.

In sintesi, una transazione Blockchain è un processo in cui le informazioni vengono inizializzate, validate, registrate e rese permanenti all'interno di una catena di blocchi. Questo processo assicura l'integrità, la sicurezza e la tracciabilità delle transazioni, ed è fondamentale per il funzionamento di una Blockchain.

(2.2) Come funziona una transazione Blockchain

Le transazioni sono il cuore pulsante di una Blockchain. Sono gli eventi che registrano lo spostamento di risorse o dati da un partecipante a un altro all'interno della rete Blockchain. Ecco come funziona una transazione all'interno di una Blockchain:

Inizializzazione della Transazione: Tutto inizia quando un utente decide di avviare una transazione. Ad esempio, potrebbe voler inviare criptovaluta a un'altra persona o registrare una transazione in una Blockchain di approvvigionamento.

Creazione della Transazione: Per creare una transazione, l'utente deve fornire alcune informazioni chiave. Queste informazioni includono solitamente:

L'indirizzo del destinatario: Un identificativo univoco che rappresenta il destinatario della transazione. In una Blockchain di criptovaluta, questo è un indirizzo del portafoglio digitale.

L'importo: La quantità di risorse o criptovaluta che si desidera inviare.

La firma digitale: Una firma crittografica generata utilizzando la chiave privata dell'utente. Questa firma è fondamentale per autenticare la transazione e dimostrare che proviene dal legittimo proprietario delle risorse.

Invio della Transazione: Una volta completata la transazione, viene inviata alla rete Blockchain per la verifica e l'inclusione nei blocchi. La transazione può essere inviata utilizzando un'applicazione o un software specifico per la Blockchain.

Verifica della Transazione: La rete Blockchain, composta da nodi distribuiti, riceve la transazione e la verifica. I nodi verificano la firma digitale per assicurarsi che la transazione sia legittima e che il mittente abbia abbastanza fondi per coprire l'importo della transazione.

Inclusione nella Catena di Blocchi: Dopo la verifica, la transazione viene inclusa in un nuovo blocco della Blockchain. Questo blocco verrà poi collegato al blocco precedente, creando una catena di blocchi continua e immutabile.

Conferma: In molte Blockchain, specialmente quelle di criptovaluta, una transazione richiede più conferme prima di essere considerata definitiva. Ogni blocco successivo aggiunto alla Blockchain aumenta la sicurezza della transazione. Il numero di conferme richieste può variare da Blockchain a Blockchain.

Esecuzione della Transazione: La transazione è ora completata. Il destinatario riceve gli asset o i dati specificati nella transazione, e la Blockchain registra la transazione in modo permanente.

Tracciabilità: Un aspetto unico delle transazioni Blockchain è la loro completa tracciabilità. Poiché ogni transazione è registrata in modo permanente e pubblico su una Blockchain, è possibile seguire la storia di qualsiasi risorsa o attività fino alla sua origine.

Costi delle Transazioni: In alcune Blockchain, potrebbe essere richiesto un costo, noto come "tassa di transazione" o "gas" (nel caso di Ethereum), per l'inclusione di una transazione. Questo costo va ai miner che lavorano alla verifica e all'inclusione della transazione nei blocchi.

In sintesi, una transazione Blockchain è un processo in cui le informazioni vengono inizializzate, validate, registrate e rese permanenti all'interno di una catena di blocchi. Questo processo assicura l'integrità, la sicurezza e la tracciabilità delle transazioni, ed è fondamentale per il funzionamento di una Blockchain.

(2.3) Tipi di Blockchain: pubbliche e private

Le Blockchain possono essere classificate in due categorie principali: pubbliche e private. Queste due categorie differiscono per quanto riguarda l'accesso, il controllo e il grado di decentralizzazione. Ecco una panoramica di entrambi i tipi:

Blockchain Pubblica:

1. Accesso Aperto: In una Blockchain pubblica, l'accesso è aperto a chiunque desideri partecipare. Qualsiasi individuo o entità può unirsi alla rete, leggere le transazioni, e persino contribuire alla validazione dei blocchi.

2. Decentralizzazione Estrema: Le Blockchain pubbliche sono caratterizzate da un alto grado di decentralizzazione. La rete è composta da numerosi nodi distribuiti in tutto il mondo, e ogni nodo ha pari importanza nel processo decisionale e di verifica delle transazioni.

3. Trasparenza Totale: Tutte le transazioni su una Blockchain pubblica sono visibili a chiunque. L'intera cronologia delle transazioni è immutabilmente registrata e disponibile per l'ispezione pubblica. Questa trasparenza è fondamentale per la fiducia all'interno della rete.

4. Esempio: Bitcoin è un esempio ben noto di Blockchain pubblica. Chiunque può scaricare il software Bitcoin, partecipare alla rete e visualizzare tutte le transazioni passate.

Blockchain Privata:

1. Accesso Limitato: Nelle Blockchain private, l'accesso è limitato e controllato da un'autorità centrale o da un consorzio di entità. Solo le parti autorizzate possono partecipare alla rete e accedere alle informazioni.

2. Controllo Centralizzato: Le Blockchain private sono più centralizzate rispetto a quelle pubbliche. Un'autorità centrale o un consorzio di aziende gestisce la rete e determina le regole e le politiche.

3. Privacy Maggiore: Le Blockchain private possono offrire un maggiore livello di privacy rispetto a quelle pubbliche. Le informazioni sulle transazioni possono essere rese accessibili solo alle parti coinvolte, a differenza delle Blockchain pubbliche in cui le informazioni sono visibili a tutti.

4. Esempio: Hyperledger Fabric è un framework Blockchain utilizzato principalmente per implementare Blockchain private all'interno di organizzazioni aziendali.

Ibride e Consorziate: Esiste anche un terzo tipo di Blockchain, noto come "ibrida" o "consorziata," che combina elementi delle Blockchain pubbliche e private.

Queste Blockchain consentono un certo grado di accesso pubblico, ma anche un controllo centralizzato su alcune funzionalità. Sono spesso utilizzate in contesti in cui è necessario bilanciare la privacy con la fiducia pubblica.

La scelta tra una Blockchain pubblica o privata dipende dagli obiettivi, dai requisiti di privacy e dalle esigenze specifiche del caso d'uso. Le Blockchain pubbliche sono aperte e decentralizzate, mentre quelle private offrono maggiore controllo e privacy limitata.

Le Blockchain ibride cercano di combinare le migliori caratteristiche di entrambe le categorie per soddisfare esigenze particolari.

Applicazioni di Blockchain

(3.1) Criptovalute e Bitcoin

Le criptovalute sono una delle applicazioni più conosciute e rivoluzionarie della tecnologia Blockchain. Tra queste, il Bitcoin è emerso come una delle più famose e ampiamente utilizzate. Ecco un'analisi più approfondita sulle criptovalute, con un focus particolare sul Bitcoin:

Le Criptovalute:

Definizione: Una criptovaluta è una forma di valuta digitale che utilizza la crittografia per garantire la sicurezza delle transazioni e per controllare la creazione di nuove unità. A differenza delle valute tradizionali emesse da banche centrali, le criptovalute operano su reti decentralizzate basate su Blockchain.

Bitcoin: Il Bitcoin è la prima e la più nota criptovaluta al mondo, ideato da una persona o gruppo di persone noto con lo pseudonimo di Satoshi Nakamoto. È stato introdotto nel 2009 come software open-source.

Decentralizzazione: Una caratteristica fondamentale delle criptovalute è la loro decentralizzazione. Le transazioni vengono validate da una rete di nodi distribuiti in tutto il mondo, eliminando la necessità di intermediari come le banche.

Crittografia: La crittografia viene utilizzata per garantire la sicurezza delle transazioni e per creare nuove unità di criptovaluta attraverso il processo di "mining." I partecipanti alla rete, noti come "minatori," risolvono complessi problemi matematici per verificare e registrare le transazioni.

Bitcoin in Dettaglio:

Minaggio di Bitcoin: I Bitcoin vengono creati attraverso il processo di mining, in cui i minatori risolvono algoritmi complessi per confermare le transazioni e aggiungere nuovi blocchi alla Blockchain. Questo processo è fondamentale per garantire la sicurezza e l'integrità del sistema.

Limitazione dell'Offerta: Il Bitcoin è programmato per avere un limite massimo di 21 milioni di unità. Questa limitazione fornisce una sorta di "scarso" valore intrinseco, spingendo la domanda e aumentando il valore.

Portafogli Digitali: Per utilizzare Bitcoin, le persone hanno bisogno di un portafoglio digitale, che può essere memorizzato su computer, dispositivi mobili o hardware specializzati. Questi portafogli consentono alle persone di inviare e ricevere Bitcoin.

Applicazioni: Oltre a essere utilizzato come forma di pagamento digitale, il Bitcoin è considerato da molti come una forma di investimento, spesso trattato come "digital gold" o oro digitale. Inoltre, è stato al centro di discussioni sull'innovazione finanziaria e sui cambiamenti nei sistemi di pagamento.

Sfide e Critiche: Il Bitcoin e altre criptovalute sono stati oggetto di dibattito a causa della loro volatilità, delle preoccupazioni sulla sicurezza e delle questioni legate alla regolamentazione. Tuttavia, molti vedono queste sfide come parte integrante della loro crescita e adozione.

In sintesi, le criptovalute, con il Bitcoin in testa, rappresentano un cambiamento radicale nel concetto di valuta e transazioni finanziarie. La loro decentralizzazione e la sicurezza basata sulla Blockchain li hanno resi un argomento di grande interesse e un possibile futuro per il sistema finanziario globale.

(3.2) Contratti intelligenti (Smart Contracts)

I contratti intelligenti, noti anche come "smart contracts," sono uno degli aspetti più innovativi e rivoluzionari delle applicazioni della tecnologia Blockchain. Questi strumenti digitali offrono una nuova prospettiva sulla gestione dei contratti e delle transazioni. Ecco una panoramica dettagliata dei contratti intelligenti:

Definizione dei Contratti Intelligenti:

Cosa sono: I contratti intelligenti sono protocolli informatici autoeseguibili progettati per facilitare, verificare o far rispettare l'esecuzione di un contratto in modo automatico, senza bisogno di intermediari o terze parti. Sono scritti in codice informatico e sono immutabili una volta registrati su una Blockchain.

Automazione: La caratteristica fondamentale dei contratti intelligenti è l'automazione delle operazioni. Quando vengono soddisfatte le condizioni stabilite all'interno del contratto, il contratto si esegue automaticamente senza bisogno di intervento umano.

Trasparenza e Immutabilità: I contratti intelligenti sono memorizzati su una Blockchain, il che significa che sono accessibili pubblicamente e immutabili. Le transazioni e le azioni previste all'interno del contratto sono tracciate e verificabili in qualsiasi momento.

Funzionamento dei Contratti Intelligenti:

Condizioni e Azioni: Un contratto intelligente è composto da condizioni e azioni. Le condizioni sono gli elementi che devono verificarsi affinché il contratto si attivi, mentre le azioni rappresentano le operazioni da eseguire una volta soddisfatte le condizioni.

Esempio: Ad esempio, un contratto intelligente potrebbe essere utilizzato in un accordo di vendita di beni. Quando il compratore trasferisce la cifra concordata in criptovaluta al venditore, il contratto può verificare automaticamente il ricevimento dei fondi e procedere a registrare la transazione, trasferendo la proprietà del bene al compratore.

Applicazioni dei Contratti Intelligenti:

Settore Finanziario: I contratti intelligenti possono essere utilizzati per automatizzare processi finanziari come prestiti, assicurazioni e scambi di derivati. Ciò può ridurre i costi operativi e il rischio di errore umano.

Supply Chain Management: Nella gestione della catena di approvvigionamento, i contratti intelligenti possono tracciare e convalidare automaticamente il transito dei beni lungo la catena di fornitura.

Settore Legale: Nel settore legale, i contratti intelligenti possono semplificare la gestione dei contratti, automatizzando il rinnovo e l'esecuzione dei contratti legali.

Voto Elettronico: Possono essere utilizzati per garantire un voto elettronico sicuro e trasparente in elezioni o referendum.

Sfide e Critiche:

Complessità: La scrittura di contratti intelligenti richiede una conoscenza approfondita della programmazione e della Blockchain, il che può essere una barriera per molti utenti.

Sicurezza: Sebbene siano progettati per essere sicuri, i contratti intelligenti possono essere soggetti a vulnerabilità e attacchi informatici, il che richiede una costante attenzione alla sicurezza.

Regolamentazione: La mancanza di regolamentazione chiara può rappresentare una sfida per l'adozione su larga scala dei contratti intelligenti.

In sintesi, i contratti intelligenti sono un elemento chiave nell'evoluzione della tecnologia Blockchain e offrono un potenziale significativo per migliorare l'efficienza e la trasparenza nei settori finanziari, commerciali e legali. Tuttavia, la loro adozione su larga scala richiederà ulteriori sviluppi tecnologici e considerazioni etiche e legali.

(3.3) Supply Chain Management basato su Blockchain

La gestione della catena di approvvigionamento (Supply Chain Management o SCM) è un settore critico per molte aziende, e l'adozione della tecnologia Blockchain ha portato importanti miglioramenti nell'efficienza e nella trasparenza di questo processo. Di seguito, esploreremo come Blockchain sta rivoluzionando il Supply Chain Management:

Definizione del Supply Chain Management basato su Blockchain:

Cosa è: Il Supply Chain Management basato su Blockchain è l'applicazione della tecnologia Blockchain per la gestione e la tracciabilità dei prodotti lungo l'intera catena di fornitura, dalla produzione alla distribuzione al consumatore finale.

Tracciabilità: La Blockchain consente una tracciabilità completa e immutabile dei prodotti, consentendo a ciascun attore della catena di approvvigionamento di verificare l'origine, la qualità e la conformità dei prodotti in tempo reale.

Come Funziona il Supply Chain Management basato su Blockchain:

Registrazione dei Prodotti: Ogni prodotto o lotto di prodotti viene registrato su una Blockchain quando viene creato. Questa registrazione include informazioni chiave come data di produzione, luogo di origine e dati di conformità.

Catena di Blocco: Ogni volta che il prodotto si sposta lungo la catena di approvvigionamento, le informazioni vengono aggiunte come blocchi successivi nella Blockchain. Questi blocchi sono collegati in modo sequenziale, creando una tracciabilità completa.

Verifica in Tempo Reale: Ogni partecipante della catena di approvvigionamento può verificare l'origine e la conformità di un prodotto in tempo reale, migliorando la visibilità e riducendo il rischio di frodi o prodotti contraffatti.

Applicazioni del Supply Chain Management basato su Blockchain:

Alimentari e Bevande: La Blockchain può essere utilizzata per tracciare l'origine degli alimenti, migliorando la sicurezza alimentare e consentendo una risposta più rapida alle crisi alimentari.

Farmaceutica: Nell'industria farmaceutica, la Blockchain aiuta a prevenire la distribuzione di farmaci contraffatti e garantisce che i farmaci siano immagazzinati e trasportati correttamente.

Automotive: Per l'industria automobilistica, la Blockchain offre una visione completa della provenienza dei componenti, consentendo una migliore gestione della qualità.

Logistica e Trasporto: La tracciabilità in tempo reale dei prodotti migliora la gestione delle flotte e la consegna dei prodotti ai clienti.

Vantaggi del Supply Chain Management basato su Blockchain:

Trasparenza: Maggiore trasparenza e visibilità in tutta la catena di approvvigionamento.

Efficienza: Riduzione dei costi operativi, tempi di consegna più rapidi e minore necessità di ispezioni manuali.

Sicurezza: Minore rischio di prodotti contraffatti o contraffazioni.

Affidabilità: L'immunità alla manipolazione della Blockchain migliora la fiducia tra i partecipanti alla catena di approvvigionamento.

Sfide e Critiche:

Adozione Diffusa: L'adozione su larga scala richiede la partecipazione di tutti i soggetti della catena di approvvigionamento e la standardizzazione delle pratiche.

Privacy e Dati Sensibili: La condivisione di dati sensibili all'interno della Blockchain solleva questioni di privacy e sicurezza.

Costi Iniziali: L'implementazione della tecnologia Blockchain può essere costosa per alcune aziende.

In sintesi, l'applicazione di Blockchain nel Supply Chain Management sta rivoluzionando la gestione delle catene di approvvigionamento in molte industrie. Tuttavia, le sfide di adozione, privacy e costi iniziali richiedono attenzione continua per massimizzare i benefici di questa tecnologia.

(3.4) Settore Sanitario e Dati Medici Sicuri

Il settore sanitario è uno dei settori più sensibili quando si tratta di dati, e la tecnologia Blockchain offre un modo promettente per garantire la sicurezza e la privacy dei dati medici. In questo contesto, esploreremo come Blockchain viene utilizzata nel settore sanitario e per proteggere i dati medici:

Definizione del Settore Sanitario e Dati Medici Sicuri basati su Blockchain:

Cosa è: Nel settore sanitario, l'applicazione di Blockchain si concentra sulla creazione di registri medici digitali sicuri e immutabili, nonché sulla gestione sicura delle informazioni mediche tra i vari attori del settore.

Come Funziona il Settore Sanitario e Dati Medici Sicuri basati su Blockchain:

Registrazione dei Dati Medici: I dati medici dei pazienti, come esami, ricette e storie cliniche, vengono registrati su una Blockchain. Ogni record è collegato al paziente tramite una chiave crittografica.

Consentimento del Paziente: I pazienti possono concedere l'accesso a determinati professionisti medici o istituti sanitari ai propri dati utilizzando una chiave privata.

Tracciabilità e Audit: Ogni accesso ai dati medici è registrato nella Blockchain, consentendo un audit completo delle informazioni consultate.

Applicazioni del Settore Sanitario e Dati Medici Sicuri basati su Blockchain:

Scambio di Informazioni: I medici possono accedere in modo sicuro alle informazioni sui pazienti da diverse fonti, migliorando la diagnosi e il trattamento.

Ricerca Medica: I dati medici possono essere condivisi in modo sicuro per scopi di ricerca medica, consentendo progressi più rapidi in medicina.

Prescrizioni Digitali: Le prescrizioni mediche possono essere registrate in modo sicuro e consultate da farmacie autorizzate.

Vantaggi del Settore Sanitario e Dati Medici Sicuri basati su Blockchain:

Sicurezza dei Dati: I dati medici sono immutabili e altamente sicuri grazie alla crittografia.

Accesso Autorizzato: I pazienti controllano chi può accedere ai propri dati, garantendo la privacy.

Trasparenza: L'audit delle attività garantisce la trasparenza e la responsabilità.

Scambio Efficiente: Migliora lo scambio di informazioni tra professionisti medici e istituti sanitari.

Sfide e Critiche:

Adozione Diffusa: L'adozione su larga scala richiede la collaborazione di molti attori del settore sanitario e la standardizzazione.

Interoperabilità: L'interoperabilità tra diversi sistemi Blockchain nel settore sanitario è ancora una sfida.

Privacy e Consenso: Garantire la privacy dei dati e ottenere il consenso dei pazienti per la condivisione delle informazioni è cruciale.

L'uso di Blockchain nel settore sanitario offre un potenziale significativo per migliorare la sicurezza e la privacy dei dati medici, consentendo allo stesso tempo uno scambio efficiente e sicuro di informazioni tra professionisti medici. Tuttavia, l'adozione su larga scala e la risoluzione di questioni di interoperabilità e privacy rimangono sfide importanti.

(3.5) Tokenizzazione di Beni e Asset

La tokenizzazione di beni e asset è un'applicazione chiave della tecnologia Blockchain che sta rivoluzionando il modo in cui possediamo, scambiamo e investiamo in varie forme di valore. In questo contesto, esploreremo cosa significa la tokenizzazione di beni e asset e come la Blockchain ne facilita l'attuazione:

Definizione della Tokenizzazione di Beni e Asset:

Cosa è: La tokenizzazione è il processo di rappresentazione di beni fisici o asset finanziari come token digitali su una Blockchain. Ogni token rappresenta una quota di proprietà o diritti su quell'attivo.

Come Funziona la Tokenizzazione di Beni e Asset:

Creazione di Token: Gli attivi, come immobili, azioni, opere d'arte o persino materie prime, vengono suddivisi in frazioni digitali, ciascuna delle quali viene rappresentata da un token.

Registrazione su Blockchain: Questi token vengono quindi registrati in modo immutabile su una Blockchain pubblica o privata, creando una tracciabilità e una prova di proprietà.

Scambio e Negoziazione: Gli investitori possono acquistare, vendere o scambiare questi token su piattaforme di trading o mercati specializzati.

Applicazioni della Tokenizzazione di Beni e Asset:

Accesso a Investimenti: La tokenizzazione consente a una vasta gamma di investitori di accedere ad attività precedentemente inaccessibili, come immobili di lusso o opere d'arte costose.

Liquidità Migliorata: Gli investitori possono vendere le loro quote di beni o asset in modo più rapido e senza dover vendere l'intero attivo.

Frattalizzazione: Gli attivi possono essere divisi in piccole frazioni, consentendo a più persone di condividere la proprietà.

Vantaggi della Tokenizzazione di Beni e Asset:

Democratizzazione degli Investimenti: Accesso a investimenti precedentemente riservati a investitori istituzionali o ad alto patrimonio netto.

Efficienza dei Mercati: Gli scambi possono avvenire in modo più efficiente, riducendo i costi di intermediazione.

Trasparenza: Tutte le transazioni sono registrate sulla Blockchain, garantendo la tracciabilità e la prova di proprietà.

Globalizzazione: Investitori da tutto il mondo possono partecipare ai mercati tokenizzati.

Sfide e Critiche:

Regolamentazione: La tokenizzazione solleva questioni regolamentari complesse che richiedono una chiara supervisione da parte delle autorità.

Sicurezza: La sicurezza delle piattaforme di tokenizzazione è fondamentale per prevenire frodi e accessi non autorizzati.

Adozione: La tokenizzazione è ancora relativamente nuova e richiede un periodo di adozione e accettazione.

In sintesi, la tokenizzazione di beni e asset è un'evoluzione significativa nei mercati finanziari e degli investimenti, consentendo un accesso più ampio e una maggiore efficienza. Tuttavia, le sfide regolamentari e di sicurezza devono essere affrontate per garantire una crescita sana di questa tecnologia.

Sicurezza e Privacy in Blockchain

(4.1) Immutabilità e Crittografia in Blockchain

L'immutabilità e la crittografia sono due pilastri fondamentali della tecnologia Blockchain. Questi concetti sono essenziali per garantire l'integrità e la sicurezza dei dati all'interno di una Blockchain. Esaminiamo più da vicino questi aspetti:

Immutabilità in Blockchain:

Definizione: L'immutabilità in una Blockchain si riferisce alla caratteristica che una volta che i dati sono registrati su un blocco e aggiunti alla catena, diventano permanenti e non possono essere modificati o cancellati.

Ciò è reso possibile dalla struttura stessa della Blockchain, dove ogni blocco contiene un riferimento al blocco precedente attraverso una funzione crittografica.

Motivo dell'Importanza: L'immutabilità è cruciale per garantire la fiducia e l'affidabilità dei dati nella Blockchain.

Gli utenti possono avere la certezza che una volta che le transazioni o le informazioni sono state confermate e registrate, rimarranno inalterate nel tempo.

Applicazioni: Questa caratteristica è ampiamente utilizzata in applicazioni in cui la tracciabilità e la prova dell'originalità dei dati sono fondamentali, come nelle criptovalute, nei contratti intelligenti e nel registro di transazioni finanziarie.

Crittografia in Blockchain:

Definizione: La crittografia è l'uso di algoritmi matematici per proteggere i dati all'interno della Blockchain. Questi algoritmi trasformano i dati in una forma crittografata o cifrata, che può essere decifrata solo con la chiave corretta.

Motivo dell'Importanza: La crittografia è fondamentale per garantire la privacy e la sicurezza delle informazioni all'interno di una Blockchain. Protegge i dati sensibili, come le transazioni finanziarie o le identità degli utenti, dall'accesso non autorizzato.

Applicazioni: La crittografia viene utilizzata in ogni aspetto della Blockchain, dalla protezione delle chiavi private nelle criptovalute alla firma digitale dei contratti intelligenti. Assicura che solo gli utenti autorizzati possano accedere e interagire con i dati.

Sfide e Considerazioni:

Chiavi e Gestione della Sicurezza: La gestione sicura delle chiavi crittografiche è fondamentale per prevenire accessi non autorizzati o perdita di dati.

Quantum Computing: L'avanzamento della tecnologia dei computer quantistici potrebbe rappresentare una minaccia per l'attuale crittografia utilizzata nelle Blockchain, portando alla necessità di sviluppare nuovi metodi di protezione.

In sintesi, l'immutabilità e la crittografia sono i pilastri su cui si basa la fiducia nella tecnologia Blockchain. Questi aspetti garantiscono che i dati siano permanenti e sicuri, consentendo una vasta gamma di applicazioni in cui la sicurezza e la tracciabilità sono fondamentali. Tuttavia, la gestione adeguata delle chiavi crittografiche e l'evoluzione della crittografia rimangono considerazioni importanti per il futuro della tecnologia Blockchain.

(4.2) Vulnerabilità e Sfide di Sicurezza in Blockchain

Nonostante la sua reputazione di sicurezza e affidabilità, la tecnologia Blockchain non è immune da vulnerabilità e sfide.

Questi aspetti sono importanti da comprendere per garantire una gestione adeguata della sicurezza all'interno delle Blockchain. Esaminiamo alcune delle vulnerabilità e delle sfide di sicurezza più comuni:

Vulnerabilità:

Attacchi del 51%: Questo tipo di attacco si verifica quando un gruppo di miner (coloro che convalidano le transazioni) controlla più del 50% della potenza di calcolo della rete Blockchain. Ciò potrebbe consentire loro di manipolare le transazioni o di effettuare doppie spese.

Attacchi Sybil: Gli attacchi Sybil coinvolgono la creazione di molteplici identità o nodi falsi su una rete Blockchain per influenzare i risultati delle decisioni democratiche o per sfruttare le vulnerabilità del consenso.

Smart Contract Bugs: Gli smart contract sono programmi autonomi eseguiti sulla Blockchain, e i bug o le vulnerabilità nei contratti possono portare a perdite finanziarie o a comportamenti indesiderati.

Phishing e Social Engineering: Gli utenti possono essere ingannati da truffe che cercano di ottenere le loro chiavi private o altre informazioni sensibili.

Sfide di Sicurezza:

Gestione delle Chiavi: La sicurezza di una Blockchain dipende dalla corretta gestione delle chiavi private. La perdita o la compromissione di queste chiavi può portare a perdite finanziarie irreversibili.

Scalabilità: Con l'aumentare delle transazioni, la scalabilità diventa una sfida. Blocchi più grandi possono comportare tempi di convalida più lunghi e minore decentralizzazione.

Privacy: Anche se le Blockchain sono pubbliche per design, garantire la privacy delle transazioni e delle informazioni sensibili è una sfida. Alcune soluzioni, come le transazioni confidenziali, stanno emergendo per affrontare questo problema.

Regolamentazione: L'adeguata regolamentazione delle criptovalute e delle applicazioni Blockchain è ancora in evoluzione, e questo può creare incertezza per gli utenti e gli sviluppatori.

Consensus e Forks: Le decisioni relative al consenso sulla governance di una Blockchain possono portare a fork, ovvero la divisione della catena in due versioni separate. Questo può causare confusione e incertezza nella comunità.

Affrontare queste vulnerabilità e sfide richiede uno sforzo costante da parte degli sviluppatori, degli utenti e delle organizzazioni coinvolte nella Blockchain. La sicurezza dovrebbe essere una priorità in qualsiasi applicazione Blockchain per sfruttarne appieno i benefici mentre si minimizzano i rischi.

(4.3) Privacy e Anonimato in Blockchain

La privacy e l'anonimato sono questioni complesse e spesso dibattute nell'ambito della tecnologia Blockchain. Mentre la Blockchain offre una maggiore trasparenza rispetto ai sistemi tradizionali, ci sono anche preoccupazioni legate alla privacy delle transazioni e all'anonimato degli utenti. Esaminiamo più da vicino questi aspetti:

Privacy delle Transazioni:

Tracciabilità: Tutte le transazioni in una Blockchain pubblica sono visibili a chiunque. Ogni transazione è collegata a un indirizzo pubblico, e gli osservatori possono vedere l'ammontare, l'indirizzo di origine e quello di destinazione.

Indirizzi Pseudonimi: Mentre gli indirizzi di una Blockchain non sono direttamente collegati alle identità reali degli utenti, possono essere considerati pseudonimi.

Gli utenti possono avere più indirizzi e spostare fondi tra di essi per cercare di migliorare la privacy.

Transazioni Confidenziali: Alcune Blockchain, come Monero, offrono transazioni confidenziali che nascondono l'ammontare e gli indirizzi coinvolti. Queste criptovalute sono progettate per massimizzare la privacy.

Anonimato degli Utenti:

Pseudonimato vs. Anonimato: Mentre le transazioni sono pseudonime, l'anonimato degli utenti dipende dall'abilità di collegare un indirizzo pseudonimo a un'identità reale.

Le indagini forensi possono spesso svelare questa connessione.

Miscele e CoinJoin: Alcune tecnologie, come le "miscele" e CoinJoin, consentono agli utenti di mescolare le loro transazioni con quelle di altri utenti, rendendo più difficile tracciare l'origine e la destinazione dei fondi.

Uso di VPN e reti anonime: Gli utenti possono proteggere ulteriormente la loro identità utilizzando servizi VPN o reti anonime come Tor per nascondere il loro indirizzo IP.

Zerocoin e Zerocash: Altre criptovalute, come Zcash, utilizzano tecnologie avanzate per garantire transazioni completamente anonime.

Sfide e Controversie:

Regolamentazione: L'anonimato completo delle transazioni solleva preoccupazioni tra i regolatori, in quanto può facilitare attività illegali come il riciclaggio di denaro e il finanziamento del terrorismo. Alcune autorità stanno cercando di regolamentare ulteriormente la privacy nelle criptovalute.

Equilibrio tra Privacy e Trasparenza: Trovare l'equilibrio tra la privacy degli utenti e la necessità di trasparenza e responsabilità è una sfida per la comunità Blockchain. Alcune soluzioni cercano di affrontare questo problema implementando funzionalità opzionali di privacy.

Sviluppo Tecnologico: La tecnologia Blockchain è in continua evoluzione, e nuove soluzioni per la privacy sono sviluppate costantemente. Tuttavia, l'adozione di queste soluzioni da parte degli utenti rimane una sfida.

La privacy e l'anonimato sono aspetti fondamentali della discussione sulla Blockchain, e la comunità sta lavorando su soluzioni per migliorare la privacy senza compromettere la trasparenza e la sicurezza della tecnologia.

Sviluppo e Programmazione Blockchain

(5.1) Linguaggi di Programmazione per Blockchain

Nel contesto della programmazione blockchain, sono utilizzati vari linguaggi di programmazione per sviluppare smart contract, applicazioni decentralizzate e per interagire con le diverse blockchain. Ecco alcuni dei linguaggi di programmazione più comuni utilizzati in questo settore:

Solidity: Solidity è un linguaggio di alto livello progettato specificamente per Ethereum, una delle blockchain più popolari. È il linguaggio predominante per lo sviluppo di smart contract su Ethereum ed è simile a JavaScript nel suo stile di sintassi. Solidity è noto per la sua flessibilità e supporta la programmazione ad oggetti.

Vyper: Vyper è un altro linguaggio di programmazione per Ethereum che mira a essere più sicuro ed efficiente di Solidity. È progettato per essere leggibile e facile da verificare, il che lo rende una scelta popolare per smart contract critici dal punto di vista della sicurezza.

Rust: Rust è un linguaggio di programmazione noto per la sua sicurezza e prestazioni. Alcune blockchain, come Polkadot, utilizzano Rust per lo sviluppo dei loro smart contract. Rust è considerato uno dei linguaggi più sicuri per lo sviluppo blockchain.

JavaScript/TypeScript: JavaScript è ampiamente utilizzato per sviluppare applicazioni web e, di conseguenza, è utilizzato per interagire con le blockchain tramite API e librerie specifiche.

TypeScript, una versione tipizzata di JavaScript, è diventato popolare tra gli sviluppatori blockchain per la sua robustezza.

Go: Go è un linguaggio di programmazione sviluppato da Google ed è stato utilizzato per implementare il software di molti nodi blockchain, compreso quello di Ethereum. È apprezzato per la sua efficienza e velocità di esecuzione.

LLL (Low-Level Lisp-like Language): LLL è un linguaggio di basso livello per Ethereum che consente uno strato di controllo più fine nella scrittura di smart contract. È simile a Lisp ed è utilizzato principalmente quando è necessario un controllo estremamente preciso sulla gestione delle risorse in un contratto.

Simbol (formerly NEM): Simbol utilizza un linguaggio di scripting chiamato "MijinScript" per sviluppare applicazioni decentralizzate sulla sua blockchain. È basato su JavaScript ed è relativamente semplice da imparare per gli sviluppatori già familiari con questo linguaggio.

Corda: Corda è una piattaforma di registrazione distribuita per il settore finanziario che permette agli sviluppatori di scrivere smart contract in linguaggi di programmazione come Java e Kotlin.

La scelta del linguaggio dipende spesso dalla blockchain specifica su cui si sta lavorando e dalle esigenze del progetto. Gli sviluppatori blockchain devono essere versatili e in grado di adattarsi a diversi linguaggi a seconda delle circostanze.

(5.2) Creazione di un Contratto Intelligente (Smart Contract)

La creazione di un contratto intelligente (smart contract) è un processo cruciale nello sviluppo blockchain, poiché questi contratti autonomi e autoeseguibili costituiscono il cuore di molte applicazioni decentralizzate (DApp) e interazioni blockchain. Ecco una panoramica dei passaggi tipici coinvolti nella creazione di un contratto intelligente:

Definizione degli Obiettivi: Prima di iniziare a scrivere un contratto intelligente, è essenziale definire chiaramente gli obiettivi e le funzionalità che il contratto deve implementare. Questa fase di pianificazione è fondamentale per evitare problemi durante lo sviluppo.

Scegliere una Piattaforma Blockchain: È necessario selezionare la piattaforma blockchain su cui verrà implementato il contratto intelligente. Ad esempio, Ethereum, Binance Smart Chain e Polkadot sono alcune delle opzioni più popolari. La scelta dipende dalle esigenze specifiche del progetto.

Scegliere un Linguaggio di Programmazione: Come menzionato in precedenza, è importante selezionare un linguaggio di programmazione adatto alla piattaforma blockchain scelta. Ad esempio, per Ethereum, si può utilizzare Solidity o Vyper.

Sviluppo: Utilizzando il linguaggio di programmazione scelto, si procede allo sviluppo del contratto intelligente. Durante questa fase, vengono scritti i codici che definiscono le regole e le condizioni del contratto, insieme alle funzionalità desiderate.

Test: Una volta sviluppato, il contratto intelligente deve essere attentamente testato. Questa fase include test di unità, test di integrazione e test di sicurezza per assicurarsi che il contratto funzioni come previsto e sia immune da vulnerabilità.

Pubblicazione: Dopo aver superato i test, il contratto intelligente può essere pubblicato sulla blockchain prescelta. Questo processo richiede il pagamento di una tassa, nota come "gas" su Ethereum, che copre i costi di esecuzione delle operazioni sulla blockchain.

Interazione con il Contratto: Una volta pubblicato, il contratto intelligente diventa parte della blockchain ed è accessibile tramite transazioni. Gli utenti possono interagire con il contratto eseguendo le funzioni previste dal codice.

Monitoraggio e Manutenzione: È importante monitorare costantemente il contratto intelligente e gestire eventuali problemi o aggiornamenti necessari. La blockchain è immutabile per natura, quindi gli errori nel contratto possono essere costosi.

Sicurezza: La sicurezza è di fondamentale importanza nella creazione di contratti intelligenti. Gli sviluppatori dovrebbero seguire le migliori pratiche di sicurezza, come l'uso di librerie di sicurezza, per proteggere il contratto da possibili vulnerabilità.

Documentazione: È cruciale fornire documentazione chiara e completa per il contratto intelligente in modo che gli utenti e altri sviluppatori possano comprendere come interagire con esso.

La creazione di un contratto intelligente richiede competenze di programmazione blockchain e una buona comprensione delle dinamiche della blockchain su cui si intende pubblicarlo. La precisione e la sicurezza sono fondamentali, poiché gli errori nei contratti possono comportare perdite di fondi o compromettere la fiducia degli utenti nella blockchain stessa.

(5.3) Piattaforme e Framework Blockchain

Nel mondo della blockchain, esistono diverse piattaforme e framework che consentono agli sviluppatori di creare applicazioni decentralizzate (DApp) e implementare contratti intelligenti. Questi strumenti forniscono un ambiente di sviluppo e una serie di funzionalità per semplificare il processo di sviluppo. Ecco un'analisi dei principali tipi di piattaforme e framework blockchain:

Ethereum: Ethereum è una delle piattaforme blockchain più conosciute e utilizzate per la creazione di contratti intelligenti e DApp. Utilizza il linguaggio di programmazione Solidity e offre la sua blockchain pubblica per ospitare contratti intelligenti. È noto per l'introduzione dei contratti intelligenti nel contesto blockchain.

Binance Smart Chain (BSC): Binance Smart Chain è una blockchain pubblica parallela a Binance Chain. È progettata per essere compatibile con Ethereum, consentendo agli sviluppatori di utilizzare gli stessi strumenti e contratti intelligenti di Ethereum, ma con tariffe di transazione più basse.

Polkadot: Polkadot è una piattaforma blockchain che mira a consentire l'interoperabilità tra diverse blockchain. Offre un framework per la creazione di blockchain personalizzate, chiamate "parachain," e supporta l'esecuzione di contratti intelligenti attraverso parachain specifiche.

Hyperledger Fabric: Hyperledger Fabric è un framework blockchain permissioned (a permessi) progettato per applicazioni aziendali. È gestito dalla Linux Foundation ed è noto per la sua flessibilità, la possibilità di definire ruoli e permessi e per l'architettura modulare.

Corda: Corda è un'altra blockchain permissioned orientata alle aziende. È stato sviluppato da R3 ed è progettato per gestire accordi complessi tra le parti in un ambiente sicuro e conformità legale.

Truffle: Truffle è uno dei framework di sviluppo più popolari per Ethereum. Fornisce una suite di strumenti per la gestione, il test e il rilascio di contratti intelligenti ed è spesso utilizzato insieme a Ganache, un ambiente di sviluppo blockchain locale.

EOS: EOS è una piattaforma blockchain che punta a scalare per supportare applicazioni decentralizzate ad alte prestazioni. Fornisce un ambiente di sviluppo per contratti intelligenti e DApp.

Avalanche: Avalanche è una piattaforma blockchain progettata per l'interoperabilità tra diverse blockchain. Offre un ambiente di sviluppo e supporta contratti intelligenti.

Tezos: Tezos è una blockchain che offre funzionalità di auto-modifica e auto-governance. Gli sviluppatori possono scrivere contratti intelligenti utilizzando il linguaggio Michelson.

Algorand: Algorand è una piattaforma blockchain che si concentra sulla scalabilità e sulla velocità delle transazioni. Offre un ambiente di sviluppo per contratti intelligenti.

La scelta della piattaforma o del framework dipende dalle esigenze specifiche del progetto. Ethereum rimane la scelta più comune per contratti intelligenti e DApp, ma ci sono numerose alternative che potrebbero essere più adatte a casi d'uso specifici, come blockchain aziendali o progetti di scalabilità. La conoscenza del linguaggio di programmazione specifico della piattaforma è spesso essenziale per lo sviluppo di contratti intelligenti.

Impatto Economico e Sociale di Blockchain

(6.1) Blockchain nell'industria finanziaria

L'industria finanziaria è uno dei settori più influenzati dall'adozione della tecnologia blockchain. Questa rivoluzione ha portato a cambiamenti significativi in vari aspetti dell'industria, compresi i servizi bancari, gli investimenti, i pagamenti e molto altro. Ecco alcune delle principali applicazioni e impatti della blockchain nell'industria finanziaria:

Pagamenti internazionali più veloci ed economici: La blockchain elimina la necessità di intermediari nelle transazioni internazionali, riducendo i costi e accelerando i tempi di elaborazione dei pagamenti. Questo ha reso possibile effettuare trasferimenti di denaro attraverso le frontiere in modo più efficiente.

Contratti intelligenti per transazioni finanziarie: I contratti intelligenti (smart contracts) sono stati ampiamente utilizzati per automatizzare e garantire l'esecuzione di accordi finanziari. Ciò ha reso possibile, ad esempio, la creazione di contratti per prestiti peer-to-peer (P2P) senza la necessità di intermediari finanziari tradizionali.

Tokenizzazione di asset finanziari: La blockchain consente la tokenizzazione di asset tradizionali come azioni, obbligazioni, immobili e persino arte. Questo rende più accessibili gli investimenti in tali asset, consentendo a una gamma più ampia di investitori di partecipare.

Mercati decentralizzati (DeFi): La blockchain ha alimentato la crescita dei mercati finanziari decentralizzati, noti come DeFi. Questi mercati consentono agli utenti di effettuare scambi, prendere prestiti, guadagnare interessi e altro ancora, tutto senza la necessità di intermediari finanziari centrali.

Registrazione e gestione delle identità: La blockchain può essere utilizzata per creare identità digitali sicure e verificabili. Ciò è utile per la conformità normativa, la prevenzione delle frodi e l'accesso a servizi finanziari.

Regolamentazione e conformità automatizzata: La blockchain può essere utilizzata per tenere traccia delle transazioni finanziarie e garantire la conformità automatica con le normative e le leggi finanziarie. Questo riduce il rischio di violazioni delle norme e semplifica la registrazione e la reportistica.

Riduzione delle frodi: La blockchain è intrinsecamente sicura grazie alla sua struttura immutabile e crittografata. Ciò rende più difficile per i truffatori manipolare o contraffare dati finanziari.

Token di sicurezza e offerte iniziali di monete (STO e ICO): Le offerte iniziali di monete (ICO) e le offerte di token di sicurezza (STO) sono diventate modalità di raccolta di fondi alternative basate su blockchain. Queste offerte hanno reso accessibili nuovi investimenti, ma hanno anche sollevato questioni di regolamentazione.

Riduzione dei costi operativi: L'automazione tramite contratti intelligenti e l'eliminazione di intermediari hanno contribuito a ridurre i costi operativi delle istituzioni finanziarie.

Nuovi modelli di business: La blockchain ha aperto la strada a nuovi modelli di business, tra cui wallet digitali, servizi di custodia, piattaforme di trading decentralizzate e molto altro.

In sintesi, la tecnologia blockchain ha rivoluzionato l'industria finanziaria, creando opportunità per l'efficienza, l'accesso a nuovi investimenti e l'innovazione. Tuttavia, ha anche sollevato sfide normative e di sicurezza che richiedono un'attenzione continua.

(6.2) Blockchain e catene di approvvigionamento

La tecnologia blockchain ha un impatto significativo sul settore delle catene di approvvigionamento, migliorando l'efficienza, la trasparenza e la tracciabilità in tutto il processo di produzione e distribuzione. Ecco come la blockchain influisce sulle catene di approvvigionamento:

Tracciabilità e autenticità: La blockchain consente di tenere traccia dell'intera storia di un prodotto lungo la catena di approvvigionamento, dalla sua origine alla destinazione finale. Questa trasparenza permette di verificare l'autenticità dei prodotti e aiuta a prevenire la contraffazione.

Efficienza operativa: La registrazione delle transazioni sulla blockchain elimina la necessità di intermediari e documentazione cartacea. Ciò semplifica la convalida delle transazioni e accelera i processi di pagamento e spedizione.

Gestione delle scorte: La visibilità in tempo reale delle scorte lungo la catena di approvvigionamento consente una migliore gestione delle scorte. Le aziende possono ridurre gli sprechi e ottimizzare la produzione in base alla domanda effettiva.

Condivisione sicura dei dati: La blockchain fornisce un registro sicuro e condivisibile per lo scambio di informazioni tra i partecipanti alla catena di approvvigionamento. Ciò migliora la collaborazione tra fornitori, produttori, distributori e clienti.

Contratti intelligenti per la gestione dei pagamenti: I contratti intelligenti consentono l'automazione dei pagamenti quando vengono soddisfatti determinati criteri, come la consegna di merci o servizi. Ciò riduce i ritardi nei pagamenti e i costi associati.

Miglioramento della sostenibilità: La tracciabilità completa permette alle aziende di identificare e mitigare i punti di spreco e inefficienza nella catena di approvvigionamento, contribuendo alla sostenibilità ambientale.

Prevenzione delle frodi: Grazie alla struttura immutabile della blockchain, è più difficile per i truffatori manipolare i dati o alterare le informazioni sulla provenienza dei prodotti.

Conformità normativa: La registrazione accurata delle transazioni e la tracciabilità semplificano la conformità normativa e la gestione dei reclami in caso di prodotti difettosi o problematici.

Miglioramento della responsabilità sociale d'impresa: La blockchain può essere utilizzata per dimostrare la responsabilità sociale d'impresa, consentendo ai consumatori di verificare le pratiche etiche lungo la catena di approvvigionamento.

Integrazione con l'Internet delle Cose (IoT): La combinazione di blockchain e IoT consente la monitoraggio in tempo reale delle merci, il che può essere utile in settori come la logistica e il trasporto.

In sintesi, la blockchain sta trasformando il modo in cui le aziende gestiscono le catene di approvvigionamento, introducendo maggiore trasparenza, efficienza e sicurezza nei processi. Questo ha un impatto positivo sia sulle aziende che sui consumatori, migliorando la qualità dei prodotti e la fiducia nella catena di approvvigionamento.

(6.3) Trasparenza e riduzione delle frodi

La tecnologia blockchain è diventata un'importante soluzione per migliorare la trasparenza e ridurre le frodi in vari settori. Ecco come la blockchain contribuisce a promuovere la trasparenza e a mitigare le frodi:

Registro immutabile: Una delle caratteristiche chiave della blockchain è la sua immutabilità. Una volta che i dati vengono registrati in un blocco, diventano permanenti e non possono essere modificati senza il consenso della maggioranza dei partecipanti alla rete. Questo garantisce l'integrità dei dati e previene qualsiasi tentativo di alterazione fraudolenta.

Tracciabilità completa: Ogni transazione registrata sulla blockchain è visibile a tutti i partecipanti autorizzati. Questa trasparenza impedisce alle frodi di rimanere nascoste, poiché qualsiasi tentativo di transazione fraudolenta può essere rilevato e analizzato dagli altri partecipanti.

Sicurezza crittografica: La blockchain utilizza algoritmi crittografici avanzati per proteggere i dati e le transazioni. Ciò rende estremamente difficile per i malintenzionati accedere o manipolare le informazioni registrate sulla blockchain.

Condivisione selettiva: Anche se le transazioni sono visibili, la blockchain consente la condivisione selettiva dei dettagli delle transazioni solo con le parti autorizzate.

Questo significa che le informazioni sensibili possono essere mantenute private tra le parti coinvolte, ma rimangono comunque protette dalla crittografia.

Consensus distribuito: Il consenso distribuito richiede che la maggioranza dei partecipanti della rete sia d'accordo su una transazione prima che questa venga aggiunta alla blockchain. Questo processo elimina la necessità di intermediari di fiducia, come le banche, riducendo il rischio di frodi.

Contratti intelligenti: I contratti intelligenti sono programmi autonomi che eseguono automaticamente le condizioni specificate quando vengono soddisfatte. Questi contratti riducono il rischio di frodi contrattuali, in quanto le condizioni vengono eseguite in modo automatico e immutabile.

Verifica dell'origine dei beni: Nell'industria manifatturiera e nel settore alimentare, la blockchain può essere utilizzata per tracciare l'origine dei beni. Questo consente ai consumatori di verificare la provenienza dei prodotti e garantire che siano autentici e sicuri.

Prevenzione delle frodi finanziarie: Nel settore finanziario, la blockchain viene utilizzata per monitorare le transazioni finanziarie in modo più accurato e per prevenire le frodi, ad esempio nell'identificazione dei pagamenti fraudolenti o nella gestione delle frodi assicurative.

Documentazione delle proprietà: Nel settore immobiliare, la blockchain può essere utilizzata per registrare e autenticare la proprietà di beni immobili, riducendo il rischio di frodi relative a titoli di proprietà falsificati.

La tecnologia blockchain offre un mezzo affidabile per aumentare la trasparenza e ridurre le frodi in vari settori. La sua capacità di fornire un registro immutabile, tracciabilità completa e sicurezza crittografica ne fa uno strumento efficace per prevenire e rilevare frodi, proteggendo al contempo l'integrità dei dati.

Aspetti Etici e Regolamentari

(7.1) Regolamentazione delle criptovalute

La regolamentazione delle criptovalute è un argomento di crescente importanza a livello globale. Mentre le criptovalute come il Bitcoin hanno guadagnato popolarità, i governi e le autorità finanziarie cercano di stabilire regole e leggi per governarne l'uso e la distribuzione.

Di seguito sono riportati alcuni punti chiave relativi alla regolamentazione delle criptovalute:

Definizioni e classificazioni: Una delle sfide principali nella regolamentazione delle criptovalute è definire in modo chiaro cosa sono le criptovalute e come dovrebbero essere classificate. Alcuni paesi le considerano come valute, altri come beni o attività finanziarie. Questa definizione influisce sulle leggi e le normative a cui sono soggette.

AML e CFT: Molti paesi hanno implementato misure di antiriciclaggio (AML) e contro il finanziamento del terrorismo (CFT) per le società e le piattaforme di criptovalute. Ciò implica l'obbligo di verificare l'identità dei clienti e di segnalare transazioni sospette alle autorità.

Licenze e registrazioni: In alcuni paesi, le società che operano con criptovalute devono ottenere licenze o registrazioni specifiche per conformarsi alle leggi vigenti. Queste licenze possono variare da paese a paese e possono includere requisiti di sicurezza e capitalizzazione.

Tassazione: La tassazione delle criptovalute è un altro aspetto importante della regolamentazione. Alcuni paesi considerano le criptovalute come beni o attività finanziarie, soggette a imposte sulle plusvalenze. Altri possono avere regimi fiscali più favorevoli o addirittura esentare determinati tipi di transazioni.

Protezione degli investitori: La regolamentazione mira a proteggere gli investitori da frodi e schemi Ponzi nel settore delle criptovalute. Questo può comportare la richiesta di divulgazioni più complete da parte delle società che offrono criptovalute e la vigilanza da parte delle autorità di regolamentazione.

Innovazione e sviluppo tecnologico: Molti governi cercano di bilanciare la regolamentazione con la promozione dell'innovazione e dello sviluppo tecnologico. Ciò significa creare un ambiente favorevole alla crescita delle imprese blockchain e delle startup, consentendo nel contempo una regolamentazione adatta al settore.

Coordinazione internazionale: Dato che le criptovalute sono un fenomeno globale, la cooperazione e la coordinazione tra i paesi sono cruciali. Gli sforzi internazionali per sviluppare standard e regolamentazioni comuni sono in corso.

Dibattito pubblico: La regolamentazione delle criptovalute spesso coinvolge un dibattito pubblico su come dovrebbero essere regolamentate. Questo dibattito può includere opinioni diverse sulla privacy, la decentralizzazione e il ruolo delle criptovalute nella società.

La regolamentazione delle criptovalute è un argomento complesso e in evoluzione. I governi di tutto il mondo stanno cercando di adottare un approccio bilanciato che consenta alle criptovalute di prosperare mentre protegge gli investitori e la stabilità finanziaria. La regolamentazione varia notevolmente da paese a paese e continuerà a essere oggetto di cambiamenti e aggiornamenti.

(7.2) Privacy e dati personali su Blockchain

La questione della privacy e dei dati personali su blockchain è un argomento cruciale, poiché le blockchain sono concepite per essere registri pubblici e immutabili. Ecco alcuni punti chiave relativi alla privacy e ai dati personali su blockchain:

Pseudonimato vs. anonimato: La maggior parte delle blockchain offre un certo grado di pseudonimato piuttosto che anonimato completo.

Questo significa che gli utenti sono rappresentati da indirizzi pseudonimi anziché nomi reali, ma tutte le transazioni associate a un indirizzo sono visibili pubblicamente.

Tuttavia, in alcune blockchain, come Bitcoin, è possibile collegare gli indirizzi pseudonimi alle identità reali attraverso indagini forensi o analisi delle transazioni.

Protezione dei dati: Mentre i dati sulla blockchain sono crittografati e sicuri, il controllo dei dati personali è un compito importante per gli utenti. Le chiavi private devono essere gestite con estrema cura, poiché chiunque abbia accesso a esse può accedere ai fondi o alle informazioni memorizzate su blockchain.

Diritto all'oblio: Una delle sfide principali è come gestire il "diritto all'oblio" o il diritto di un individuo di richiedere la rimozione dei propri dati personali. Poiché le blockchain sono immutabili, è difficile eliminare o modificare dati una volta inseriti.

Questa questione sta ricevendo attenzione da parte dei regolatori, e alcune blockchain stanno cercando di implementare soluzioni per consentire la rimozione dei dati personali sensibili.

Blockchain private: Per affrontare le preoccupazioni sulla privacy, alcune organizzazioni e aziende stanno adottando blockchain private o autorizzate, dove l'accesso alle informazioni è limitato solo a utenti autorizzati.

Questo modello è particolarmente adatto per applicazioni aziendali e governative che richiedono controlli rigorosi sulla privacy dei dati.

ZK-SNARKs e crittografia zero-knowledge: Alcune blockchain stanno esplorando l'uso di tecnologie come ZK-SNARKs (Zero-Knowledge Succinct Non-Interactive Arguments of Knowledge), che consentono di dimostrare la verità di una dichiarazione senza rivelare alcuna informazione specifica.

Questo approccio può migliorare notevolmente la privacy sui registri blockchain pubblici.

Regolamentazione sulla privacy: In risposta alle preoccupazioni sulla privacy, alcune giurisdizioni stanno introducendo regolamenti specifici per le criptovalute e la blockchain.

Questi regolamenti possono coprire questioni come la protezione dei dati personali e la conformità alle leggi sulla privacy.

Educazione degli utenti: Poiché la privacy su blockchain richiede una comprensione tecnica, l'educazione degli utenti è fondamentale. Gli utenti devono essere istruiti su come proteggere le proprie chiavi private e come utilizzare in modo sicuro le blockchain.

In sintesi, la privacy e la gestione dei dati personali su blockchain rappresentano sfide significative. Mentre la tecnologia offre vantaggi in termini di sicurezza e trasparenza, è essenziale trovare un equilibrio tra questi aspetti e la protezione della privacy individuale.

La ricerca e lo sviluppo continuo di soluzioni tecniche e regolamentari sono fondamentali per affrontare questa complessa questione.

(7.3) Ruolo delle organizzazioni internazionali

Le organizzazioni internazionali svolgono un ruolo cruciale nel contesto della blockchain, contribuendo a plasmare norme e regolamenti globali, nonché a promuovere la collaborazione internazionale.

Ecco come le organizzazioni internazionali sono coinvolte nella sfera blockchain:

ISO (International Organization for Standardization): ISO ha sviluppato norme specifiche per la blockchain al fine di promuovere l'interoperabilità e garantire la qualità e la sicurezza dei sistemi blockchain. Queste norme aiutano a stabilire un quadro comune per l'industria blockchain a livello globale.

ONU (Organizzazione delle Nazioni Unite): Le Nazioni Unite esplorano l'uso della blockchain per affrontare problemi globali come l'assistenza umanitaria, la gestione dei flussi finanziari internazionali e la tracciabilità dei prodotti in tutto il mondo. La blockchain può contribuire a migliorare la trasparenza e l'efficienza nei programmi delle Nazioni Unite.

FMI (Fondo Monetario Internazionale): Il FMI sta studiando l'impatto delle criptovalute e della blockchain sulla stabilità finanziaria globale. Monitora gli sviluppi nel settore finanziario legati alla blockchain e pubblica rapporti sulla questione.

BCE (Banca Centrale Europea): Le banche centrali, tra cui la BCE, stanno esplorando la possibilità di emettere monete digitali centrali (CBDC) basate su blockchain. Queste iniziative possono influenzare il sistema finanziario internazionale.

WTO (Organizzazione Mondiale del Commercio): La WTO sta esplorando l'uso della blockchain per semplificare le procedure doganali e migliorare la tracciabilità delle merci. Ciò può influire sul commercio internazionale e sulla logistica.

Gruppo di lavoro sulla tecnologia blockchain del G20: Il G20 ha istituito un gruppo di lavoro sulla tecnologia blockchain per esaminare l'uso e il potenziale impatto della blockchain su scala globale. Questo gruppo raccoglie rappresentanti delle principali economie mondiali per discutere questioni legate alla blockchain.

Alleanza per l'innovazione blockchain (GBA): GBA è un'organizzazione internazionale che riunisce governi, aziende e organizzazioni non governative (ONG) per promuovere l'uso della blockchain per il bene comune. Collabora su progetti blockchain globali in settori come la sanità, l'istruzione e l'energia.

Organizzazione mondiale della sanità (OMS): L'OMS sta esplorando l'uso della blockchain per migliorare la gestione dei dati sanitari a livello globale, aumentando la sicurezza e la condivisione delle informazioni sulla salute.

In conclusione, le organizzazioni internazionali svolgono un ruolo importante nella definizione delle direzioni future per la tecnologia blockchain. Collaborano su normative, politiche e progetti per massimizzare i benefici della blockchain su scala globale e affrontare le sfide emergenti. La loro partecipazione riflette l'importanza crescente della blockchain come strumento di trasformazione globale.

Sviluppi Futuri e Tendenze

(8.1) Scalabilità e miglioramenti tecnologici

La scalabilità è una delle sfide fondamentali che la tecnologia blockchain deve affrontare per diventare più adottabile su larga scala.

Tuttavia, gli sviluppi tecnologici stanno contribuendo a risolvere questo problema e a potenziare ulteriormente la blockchain. Di seguito, esploriamo come la blockchain sta affrontando la questione della scalabilità e quali miglioramenti tecnologici sono in corso:

Consensus algoritmico migliorati: Una delle aree chiave di miglioramento riguarda gli algoritmi di consenso utilizzati nelle blockchain.

Algoritmi come Proof of Stake (PoS) e Delegated Proof of Stake (DPoS) stanno diventando sempre più popolari poiché sono più efficienti in termini di consumo energetico rispetto a Proof of Work (PoW) e consentono una maggiore scalabilità.

Blockchain multi-strato: Alcune blockchain implementano strutture multi-strato per affrontare il problema della scalabilità. Un livello di base può gestire transazioni quotidiane, mentre un livello superiore può gestire transazioni più complesse o interattive. Questa architettura aiuta a distribuire il carico di lavoro in modo più efficiente.

Sidechains e canali di pagamento: L'uso di sidechain e canali di pagamento consente di elaborare transazioni al di fuori della blockchain principale. Questa soluzione aiuta a ridurre il carico sulla blockchain principale e velocizza le transazioni quotidiane.

Tecnologie di sharding: Sharding è una tecnica che suddivide la blockchain in frammenti (shards) più piccoli, ognuno dei quali può elaborare le transazioni indipendentemente dagli altri.

Ciò aumenta notevolmente la capacità di gestire più transazioni contemporaneamente.

Miglioramenti nella crittografia: Avanzamenti nella crittografia, come l'uso di algoritmi più efficienti e sicuri, contribuiscono a rendere la blockchain più resiliente contro attacchi e minacce.

Integrazione di reti secondarie: Progetti come Lightning Network per Bitcoin e Raiden Network per Ethereum offrono soluzioni di scalabilità per microtransazioni e pagamenti in tempo reale, rendendo le blockchain più adatte per le transazioni quotidiane.

Blockchain as a Service (BaaS): Le piattaforme BaaS offrono infrastrutture blockchain scalabili e facilmente accessibili alle aziende, consentendo loro di implementare rapidamente soluzioni blockchain senza dover costruire una blockchain da zero.

Ricerca su nuovi algoritmi di consenso: La comunità blockchain continua a condurre ricerche per sviluppare nuovi algoritmi di consenso che riducano i tempi di conferma delle transazioni e migliorino la scalabilità.

In conclusione, la scalabilità rimane una sfida critica per la blockchain, ma grazie agli sviluppi tecnologici e all'innovazione continua, stanno emergendo soluzioni creative per affrontarla. Questi miglioramenti contribuiranno a rendere la blockchain più efficiente ed efficace, consentendo una maggiore adozione nei settori finanziario, aziendale e oltre.

(8.2) Interoperabilità tra diverse Blockchain

L'interoperabilità tra diverse blockchain è una delle sfide fondamentali affrontate dall'ecosistema blockchain. La possibilità di far comunicare e collaborare diverse blockchain è essenziale per sbloccare il pieno potenziale di questa tecnologia. Ecco come sta evolvendo l'interoperabilità tra le blockchain:

Standard di interoperabilità: Gli sviluppatori stanno lavorando su standard di interoperabilità che consentono alle diverse blockchain di comunicare tra loro. Ad esempio, il protocollo "Interledger" è progettato per consentire transazioni tra diverse blockchain e reti di pagamento.

Atomic Swaps: Gli atomic swaps sono smart contract che consentono a utenti di diverse blockchain di scambiarsi criptovalute direttamente, senza bisogno di intermediari. Questa tecnologia apre la strada per il commercio diretto tra diverse blockchain.

Ponti blockchain: Alcune blockchain stanno introducendo ponti (bridge) che collegano diverse blockchain. Questi ponti fungono da intermediari tra diverse blockchain e consentono il trasferimento di asset tra di esse.

Polkadot e Cosmos: Progetti come Polkadot e Cosmos sono stati creati specificamente per affrontare il problema dell'interoperabilità. Essi forniscono un framework per la connessione e la comunicazione tra blockchain diverse, creando un ecosistema più ampio di blockchain interconnesse.

Cross-Chain DeFi: Il settore DeFi (Finanza Decentralizzata) sta iniziando a sfruttare l'interoperabilità tra diverse blockchain per consentire il prestito, il trading e altri servizi finanziari tra blockchain diverse. Questo offre agli utenti una maggiore scelta e flessibilità.

Standard di token: L'uso di standard di token comuni, come ERC-20 per Ethereum, ha contribuito a semplificare lo scambio di token tra diverse blockchain. Tuttavia, standard come ERC-20 stanno ora cercando di diventare interoperabili tra diverse blockchain.

Ricerca e sviluppo continui: La comunità blockchain sta investendo nella ricerca e nello sviluppo di nuove tecnologie per migliorare l'interoperabilità. Ciò include protocolli di messaggistica, protocolli di sicurezza e approcci di consensus che rendono più agevole la connessione tra blockchain.

Governance dell'interoperabilità: L'interoperabilità richiede anche una governance adeguata per gestire le decisioni sulle modifiche e sugli aggiornamenti delle diverse blockchain interconnesse.

In conclusione, l'interoperabilità tra diverse blockchain è una sfida cruciale che l'industria sta cercando di superare. Gli sviluppi tecnologici e l'adozione di standard comuni stanno aprendo la strada a un ecosistema blockchain più integrato e flessibile, che può supportare una vasta gamma di applicazioni e servizi in modo più efficiente.

(8.3) Ruolo di Blockchain nell'Internet delle Cose (IoT)

La tecnologia blockchain svolge un ruolo significativo nell'ambito dell'Internet delle Cose (IoT), offrendo soluzioni per le sfide chiave di sicurezza, privacy e gestione dei dati. Ecco come blockchain sta influenzando l'IoT:

Sicurezza migliorata: La blockchain può essere utilizzata per garantire la sicurezza delle comunicazioni tra dispositivi IoT. I dispositivi possono autenticarsi reciprocamente attraverso transazioni crittografate sulla blockchain, riducendo il rischio di attacchi informatici e manipolazioni.

Registrazione e autenticazione dei dispositivi: Ogni dispositivo IoT può essere registrato sulla blockchain, creando un registro permanente e immutabile di dispositivi autorizzati. Questo aiuta a prevenire l'accesso non autorizzato e l'interferenza.

Gestione delle identità: La blockchain può fungere da infrastruttura per la gestione delle identità dei dispositivi IoT. I dispositivi possono avere identità digitali uniche registrate sulla blockchain, semplificando la gestione e l'autenticazione.

Smart Contracts per l'IoT: Gli smart contract sulla blockchain possono automatizzare le operazioni tra dispositivi IoT. Ad esempio, possono gestire il pagamento automatico tra dispositivi connessi quando determinate condizioni vengono soddisfatte.

Privacy dei dati: La blockchain può consentire ai proprietari di dispositivi IoT di mantenere il controllo sui propri dati. I dati generati dai dispositivi possono essere crittografati e resi accessibili solo tramite autorizzazioni specifiche registrate sulla blockchain.

Tracciabilità e supply chain: Nell'ambito dell'IoT, la blockchain può essere utilizzata per monitorare la catena di approvvigionamento e la distribuzione dei prodotti. Ogni passo lungo la catena può essere registrato in modo trasparente sulla blockchain, garantendo la provenienza e la qualità dei prodotti.

Integrazione di micropagamenti: La blockchain facilita i micropagamenti tra dispositivi IoT. Ad esempio, i dispositivi possono pagarsi reciprocamente per l'accesso a risorse o servizi con l'uso di criptovalute basate su blockchain.

Riduzione delle frodi: La blockchain può ridurre le frodi nell'IoT, poiché le transazioni e i dati sono registrati in modo immutabile e trasparente. Questo è particolarmente utile in applicazioni come il monitoraggio degli strumenti medici o la tracciabilità degli alimenti.

Efficienza operativa: La registrazione delle attività dei dispositivi IoT sulla blockchain può migliorare l'efficienza operativa e consentire una migliore manutenzione preventiva.

Economia dei dati: La blockchain consente agli utenti di monetizzare i propri dati IoT, consentendo loro di condividerli in modo sicuro con terze parti e ricevere pagamenti direttamente attraverso contratti intelligenti.

In sintesi, la blockchain gioca un ruolo fondamentale nella creazione di un ecosistema IoT più sicuro, efficiente e trasparente. La sua capacità di garantire la sicurezza dei dati, automatizzare le operazioni e migliorare la gestione dei dispositivi IoT sta accelerando l'adozione dell'IoT in una varietà di settori, dalla salute all'industria manifatturiera.

Conclusioni

(9.1) Sintesi dei benefici e delle sfide di Blockchain

La tecnologia blockchain offre una serie di benefici e sfide che influenzano la sua adozione e il suo impatto in vari settori. Ecco una sintesi dei principali vantaggi e sfide associati alla blockchain:

Benefici:

Sicurezza: La blockchain utilizza algoritmi crittografici avanzati per garantire la sicurezza delle transazioni e dei dati, rendendo difficile la manipolazione o l'hacking delle informazioni registrate.

Immutabilità: Una volta registrati, i dati su una blockchain non possono essere modificati o cancellati senza il consenso della maggioranza dei partecipanti, garantendo l'integrità delle informazioni.

Trasparenza: Tutte le transazioni registrate sulla blockchain sono visibili a tutti i partecipanti autorizzati, creando una trasparenza completa e prevenendo frodi o manipolazioni.

Decentralizzazione: La blockchain opera su una rete distribuita di nodi, eliminando la necessità di intermediari centrali e riducendo i costi associati.

Efficienza: Le transazioni blockchain possono essere eseguite in modo rapido ed efficiente, senza richiedere giorni o settimane come i sistemi tradizionali.

Contratti intelligenti: La possibilità di utilizzare contratti intelligenti basati su blockchain automatizza le operazioni e riduce la necessità di intermediari legali.

Tokenizzazione degli asset: La blockchain consente la rappresentazione digitale di beni fisici o finanziari, facilitando la gestione e la negoziazione di asset.

Inclusione finanziaria: La blockchain può fornire servizi finanziari a persone non bancarizzate o non bancabili, migliorando l'inclusione finanziaria globale.

Sfide:

Scalabilità: Alcune blockchain pubbliche possono soffrire di problemi di scalabilità, con tempi di elaborazione più lunghi quando la rete è congestionata.

Adozione: La tecnologia blockchain è ancora in fase di adozione in molte industrie e potrebbe richiedere tempo prima che diventi ampiamente accettata.

Regolamentazione: La mancanza di regolamentazione chiara può ostacolare l'adozione di blockchain in alcune giurisdizioni e settori.

Privacy: Nonostante le misure di sicurezza, è importante affrontare le preoccupazioni sulla privacy legate alle informazioni immutabili registrate sulla blockchain.

Costi iniziali: La creazione di una blockchain o l'adesione a una rete esistente può comportare costi significativi iniziali.

Energia: Alcune blockchain basate su proof-of-work richiedono notevoli risorse energetiche, generando preoccupazioni ambientali.

Interoperabilità: La mancanza di standard comuni può rendere difficile l'interoperabilità tra diverse blockchain.

Sovraccarico di informazioni: La registrazione di tutti i dati su una blockchain può portare a un sovraccarico di informazioni, rendendo difficile la gestione e l'accesso ai dati.

In sintesi, la blockchain è una tecnologia potente con il potenziale per trasformare numerosi settori. Tuttavia, affronta sfide significative che richiedono attenzione e collaborazione per essere superate. Il suo impatto futuro dipenderà in gran parte dalla capacità di affrontare queste sfide e promuovere i suoi benefici.

(9.2) Prospettive future di Blockchain

Il futuro della tecnologia blockchain è promettente e offre molte prospettive interessanti. Ecco alcune delle direzioni chiave in cui la blockchain potrebbe evolversi nei prossimi anni:

Adozione su larga scala: Con una crescente comprensione della blockchain e dei suoi vantaggi, ci si aspetta un'adozione su larga scala in settori come finanza, sanità, logistica e molto altro. Le imprese stanno esplorando modi per integrare la blockchain nelle loro operazioni quotidiane.

Interoperabilità tra blockchain: Gli sforzi sono in corso per sviluppare standard e protocolli che consentano la comunicazione e l'interoperabilità tra diverse blockchain.

Questo potrebbe aprire la porta a una maggiore flessibilità e alla condivisione di dati tra diverse reti.

Scalabilità migliorata: Gli sviluppatori stanno lavorando su soluzioni per affrontare i problemi di scalabilità che alcune blockchain pubbliche hanno sperimentato.

L'implementazione di algoritmi di consenso più efficienti potrebbe accelerare le transazioni e ridurre i costi.

Blockchain ibride: Si prevede che le blockchain ibride, che combinano elementi di blockchain pubbliche e private, diventeranno più comuni. Queste reti potrebbero essere utilizzate in settori come il finanziamento aziendale e il governo.

Sicurezza potenziata: L'evoluzione delle tecniche di sicurezza blockchain continuerà a proteggere i dati e gli asset digitali. La crittografia avanzata e le firme digitali miglioreranno la sicurezza complessiva.

Regolamentazione chiara: L'industria della blockchain sta collaborando con i regolatori per sviluppare normative chiare e consentire una maggiore adozione. La regolamentazione potrebbe promuovere la fiducia degli investitori e degli utenti.

Tokenizzazione di beni fisici: Si prevede che la tokenizzazione di beni fisici, come immobili e opere d'arte, aumenterà, consentendo la negoziazione frazionata di tali asset su blockchain.

DeFi (Finanza Decentralizzata): La DeFi continuerà a crescere, offrendo servizi finanziari decentralizzati come prestiti, scambi e risparmi. Tuttavia, saranno necessarie soluzioni per affrontare le sfide di sicurezza in questo settore.

Settore dell'energia: La blockchain potrebbe rivoluzionare il settore dell'energia, consentendo la gestione decentralizzata delle reti e la condivisione di elettricità tra utenti.

Blockchain e IoT: L'integrazione di blockchain nell'Internet delle Cose (IoT) potrebbe aumentare la sicurezza e la tracciabilità dei dispositivi connessi.

Le prospettive future di blockchain sono promettenti, ma è importante riconoscere che la tecnologia è ancora in evoluzione. Le sfide come la scalabilità e la regolamentazione dovranno essere affrontate per realizzare appieno il suo potenziale. Tuttavia, la blockchain rimane una forza trainante nell'innovazione tecnologica e nell'evoluzione dei mercati globali.

(9.3) Ruolo di Blockchain nell'innovazione tecnologica

La blockchain ha già dimostrato di avere un ruolo significativo nell'innovazione tecnologica e si prevede che continuerà a svolgere un ruolo chiave nei prossimi anni.

Ecco alcuni modi in cui la blockchain sta contribuendo all'innovazione:

Decentralizzazione: La blockchain offre un modello decentralizzato per la gestione dei dati e delle transazioni.

 Questo contrasta con i tradizionali modelli centralizzati e può portare a nuovi modi di creare e gestire servizi, riducendo la dipendenza da entità centrali.

Fiducia e trasparenza: La blockchain fornisce un registro pubblico e immutabile di tutte le transazioni. Questa trasparenza e l'immutabilità dei dati possono ridurre il rischio di frodi e manipolazioni in vari settori, tra cui finanziario, sanitario e delle catene di approvvigionamento.

Smart Contracts: Gli smart contract, eseguiti automaticamente quando vengono soddisfatte determinate condizioni, possono rivoluzionare i processi contrattuali. Ciò significa che le transazioni possono avvenire in modo automatico e sicuro senza la necessità di intermediari.

Criptovalute e pagamenti digitali: Le criptovalute basate su blockchain stanno cambiando il modo in cui effettuiamo pagamenti. Queste valute digitali offrono una maggiore sicurezza e facilità d'uso rispetto ai sistemi di pagamento tradizionali.

Tokenizzazione degli asset: La blockchain permette la tokenizzazione di asset fisici, come immobili o opere d'arte. Ciò significa che gli investitori possono possedere una parte frazionata di questi beni, consentendo una maggiore accessibilità agli investimenti.

Settore dell'energia: La blockchain può essere utilizzata per creare reti energetiche più efficienti e trasparenti, permettendo la condivisione e la vendita di elettricità tra utenti.

Votazioni elettroniche sicure: La blockchain offre una soluzione sicura per le votazioni elettroniche, riducendo il rischio di frodi e manipolazioni nei processi elettorali.

Identità digitale: La blockchain può essere utilizzata per la creazione di identità digitali sicure e verificabili. Ciò è particolarmente importante per la gestione di dati personali sensibili.

Settore della salute: La blockchain offre una maggiore sicurezza e trasparenza nella gestione dei dati medici, consentendo agli utenti di avere maggiore controllo sulla propria salute.

Regolamentazione e conformità: La blockchain sta influenzando anche il modo in cui vengono create e applicate le normative. I regolatori stanno esplorando come utilizzare questa tecnologia per garantire la conformità e la sicurezza dei mercati.

In sintesi, la blockchain sta catalizzando l'innovazione in vari settori, dalla finanza alla sanità, dalla logistica all'energia. Il suo potenziale di creare soluzioni decentralizzate, trasparenti e sicure la rende una tecnologia chiave nell'evoluzione del panorama tecnologico globale.

Tuttavia, rimangono sfide da affrontare, come la scalabilità e la regolamentazione, mentre la blockchain continua a plasmare il futuro dell'innovazione tecnologica.

Capitolo 5

"Nella stampa 3D, la creazione diventa un atto di pensiero, e l'oggetto diventa una manifestazione della mente."

Stampa 3D

Introduzione alla Stampa 3D

(1.1) Definizione di Stampa

La stampa 3D, conosciuta anche come fabbricazione additiva, è una tecnologia di produzione avanzata che consente di creare oggetti fisici tridimensionali da un modello digitale utilizzando materiali come plastica, metallo, ceramica e altro ancora. Invece di rimuovere materiale da un blocco solido, come avviene in molte tecniche di produzione tradizionali, la stampa 3D aggiunge strato su strato di materiale per costruire l'oggetto desiderato in modo strato dopo strato. Questa tecnologia offre una flessibilità e una versatilità straordinarie nella progettazione e produzione di oggetti personalizzati, prototipi, parti complesse e molto altro ancora. La stampa 3D ha rivoluzionato numerosi settori, dalla produzione industriale alla medicina e all'arte.

(1.2) Storia dello Sviluppo della Stampa 3D

La storia dello sviluppo della stampa 3D è un viaggio affascinante attraverso gli anni, che ha portato questa tecnologia dalla sua nascita agli sviluppi più recenti. Ecco una panoramica dei momenti chiave:

Anni '80: La stampa 3D ha origini negli anni '80, quando Charles Hull ha inventato la stereolitografia, una delle prime tecniche di stampa 3D. Questo metodo utilizzava la luce ultravioletta per solidificare uno strato sottile di resina liquida, creando oggetti strato dopo strato. Hull ha fondato la 3D Systems Corporation per commercializzare questa tecnologia.

Anni '90: Durante gli anni '90, la stampa 3D è stata principalmente utilizzata per scopi prototipali e industriali. Altre tecnologie di stampa 3D, come la fusione selettiva laser (SLS) e la modellazione a deposizione fusa (FDM), sono state sviluppate e commercializzate. Questi sviluppi hanno reso la tecnologia più accessibile alle aziende.

Anni 2000: La stampa 3D ha iniziato a diffondersi in settori come la produzione personalizzata di protesi mediche e gioielli su misura. La popolarità della tecnologia è cresciuta anche grazie al rilascio di brevetti chiave, che hanno permesso a un numero maggiore di aziende di sviluppare stampanti 3D.

Anni 2010: La stampa 3D ha conosciuto una crescita esplosiva negli anni 2010. La tecnologia è diventata più economica e accessibile, permettendo a più persone e piccole imprese di utilizzarla. Sono state sviluppate nuove applicazioni, tra cui la stampa di cibo, abbigliamento e organi umani con cellule biologiche.

Oggi: La stampa 3D è diventata un pilastro importante in settori come l'aerospaziale, l'industria automobilistica, la medicina e l'arte. Le stampanti 3D sono ampiamente utilizzate per la produzione di prototipi, parti di ricambio, componenti complessi e molto altro ancora. La tecnologia continua a evolversi con la ricerca su nuovi materiali e metodi di stampa.

Questa breve storia della stampa 3D mostra come questa tecnologia sia passata da una novità di nicchia a una forza motrice nell'innovazione e nella produzione in tutto il mondo.

(1.3) Importanza della Stampa 3D nell'Innovazione Tecnologica

La stampa 3D, nota anche come fabbricazione additiva, rappresenta una pietra miliare nell'innovazione tecnologica con un impatto significativo in diversi settori. Ecco perché la sua importanza è così rilevante:

Rivoluziona il Processo di Prototipazione: La stampa 3D consente la creazione rapida e conveniente di prototipi. Questo accelera il processo di sviluppo di nuovi prodotti e riduce i costi associati alla progettazione e alla verifica.

Personalizzazione su Misura: La capacità di creare oggetti personalizzati su misura è una delle caratteristiche distintive della stampa 3D. Questa personalizzazione viene applicata in settori come l'odontoiatria (protesi dentarie personalizzate), l'abbigliamento (scarpe su misura) e la medicina (impianti personalizzati).

Produzione Distribuita: La stampa 3D permette la produzione distribuita, il che significa che gli oggetti possono essere stampati vicino al luogo di utilizzo, riducendo i costi di spedizione e l'impatto ambientale.

Riduzione degli Scarti: Con la fabbricazione tradizionale, spesso si generano scarti di materiale. La stampa 3D è un processo quasi privo di scarti, in quanto gli oggetti vengono creati strato dopo strato, riducendo così il consumo di materiale.

Settore Medico e Salute: La stampa 3D è stata utilizzata per creare protesi, modelli anatomici, dispositivi medici personalizzati e persino tessuti biologici. Questo ha rivoluzionato la medicina, consentendo interventi chirurgici più precisi e soluzioni mediche su misura.

Settore Aerospaziale e Automobilistico: L'industria aerospaziale utilizza la stampa 3D per produrre componenti leggeri e complessi, riducendo il peso degli aerei. Nel settore automobilistico, vengono stampati pezzi di veicoli, migliorando l'efficienza e la progettazione.

Settore dell'Arte e del Design: Artisti e designer utilizzano la stampa 3D per creare opere d'arte innovative e prodotti di design unici che altrimenti sarebbero difficili da realizzare con metodi tradizionali.

Ricerca e Sviluppo: La stampa 3D sta rivoluzionando la ricerca scientifica consentendo la creazione di modelli e prototipi complessi per esperimenti in vari campi, dalla chimica alla biologia.

In sintesi, la stampa 3D gioca un ruolo fondamentale nell'innovazione tecnologica, fornendo nuovi mezzi per progettare, creare e personalizzare oggetti in modi mai prima d'ora immaginati. La sua versatilità e il suo potenziale di applicazione in continua crescita la rendono una delle tecnologie più influenti e promettenti del nostro tempo.

Tecnologie di Stampa 3D

(2.1) Processi di Base della Stampa 3D

La stampa 3D, conosciuta anche come fabbricazione additiva, è una tecnologia che consente di creare oggetti tridimensionali strato dopo strato. Ci sono diversi processi di base utilizzati nella stampa 3D, ognuno dei quali ha le proprie caratteristiche e applicazioni. Ecco una panoramica di questi processi:

Fusione di Filamento (Fused Filament Fabrication - FFF): Questo è uno dei metodi più comuni di stampa 3D ed è spesso utilizzato in stampanti desktop. Durante il processo, un filamento di materiale plastico viene estruso attraverso un ugello riscaldato e depositato su un piano di lavoro, strato dopo strato. Il materiale si raffredda e si solidifica rapidamente per formare l'oggetto desiderato. Questo processo è ampiamente utilizzato per prototipazione rapida e produzione di parti di plastica.

Sinterizzazione Laser Selettiva (Selective Laser Sintering - SLS): In questo processo, uno strato sottile di polvere di materiale (solitamente polimeri o metalli) viene distribuito su un piano di lavoro. Un laser viene quindi utilizzato per fondere selettivamente il materiale in modo da creare uno strato dell'oggetto. Questo processo continua strato dopo strato fino a quando l'oggetto è completo. La SLS è nota per la sua capacità di lavorare con una vasta gamma di materiali e viene spesso utilizzata in applicazioni industriali.

StereoLithography (SLA): La SLA utilizza un processo di polimerizzazione fotoindotta per creare oggetti 3D. Un laser UV viene utilizzato per solidificare uno strato di resina liquida fotosensibile su un piano di lavoro. Questo strato indurito forma uno strato dell'oggetto finito. La resina liquida viene poi abbassata leggermente e il processo continua. La SLA è apprezzata per la sua alta precisione e dettaglio, ed è spesso utilizzata in settori come la gioielleria e la produzione di prototipi.

Deposizione di Materiale Fuso (Fused Deposition Modeling - FDM): Questo processo è simile alla FFF ma viene utilizzato principalmente in applicazioni industriali. Un filamento termoplastico viene estruso attraverso un ugello riscaldato e depositato su un piano di lavoro. L'oggetto viene creato strato dopo strato mentre il materiale si solidifica. La FDM è spesso utilizzata per produrre parti resistenti e funzionali, come componenti per automobili o aerospaziali.

Binder Jetting: Questo processo coinvolge la deposizione di strati di polvere di materiale, come sabbia o metallo, seguita dalla spruzzatura di un legante per solidificare il materiale. Questo processo continua fino a quando l'oggetto è completo. La binder jetting è spesso utilizzata per la produzione di parti metalliche complesse e ceramiche.

Doppiaggio: Questo processo combina la stampa 3D con la stampa tradizionale, consentendo di incorporare oggetti 3D in oggetti stampati su carta o tessuto. È spesso utilizzato in applicazioni artistiche e di design.

Questi sono solo alcuni dei principali processi di stampa 3D disponibili. Ciascun processo ha le sue caratteristiche uniche, tra cui materiali supportati, precisione, velocità e applicazioni ideali. La scelta del processo dipende dall'uso specifico e dai requisiti del progetto.

(2.2) Materiali Utilizzati nella Stampa 3D

La stampa 3D offre una vasta gamma di materiali che possono essere utilizzati per creare oggetti tridimensionali. La scelta del materiale dipende dalle esigenze specifiche del progetto, dalla funzionalità desiderata e dall'applicazione finale. Ecco alcuni dei materiali più comuni utilizzati nella stampa 3D:

Plastica: La plastica è uno dei materiali più ampiamente utilizzati nella stampa 3D. Materiali come l'ABS, il PLA e il PETG sono comunemente utilizzati per la stampa di prototipi, parti per la casa e giocattoli. La plastica è leggera, economica e disponibile in una vasta gamma di colori.

Resina: Le resine fotosensibili sono utilizzate nella stereolitografia (SLA) e in altre tecnologie di stampa 3D. Questi materiali offrono una straordinaria precisione e dettaglio nella stampa di oggetti, rendendoli ideali per applicazioni come gioielleria, odontoiatria e prototipazione di alta qualità.

Metalli: I materiali metallici come l'acciaio inossidabile, l'alluminio e il titanio sono utilizzati nella stampa 3D metallica. Questi materiali sono ideali per applicazioni in settori come l'aerospaziale, l'automotive e la produzione di parti resistenti.

Ceramiche: La stampa 3D è utilizzata anche per creare oggetti in ceramica. Questi oggetti possono essere forniati e smaltati dopo la stampa per ottenere oggetti finiti. La ceramica stampata in 3D è utilizzata in applicazioni artistiche e di design.

Polveri: Alcuni processi di stampa 3D utilizzano polveri di materiali come gesso, nylon o metallo. Queste polveri sono legate insieme strato dopo strato utilizzando un legante o mediante fusione selettiva. Questi materiali sono utilizzati in applicazioni come la creazione di modelli architettonici o parti complesse.

Biomateriali: I biomateriali sono utilizzati per la stampa di tessuti e organi biologici.

Questi materiali consentono la creazione di protesi personalizzate e la ricerca medica avanzata.

Cibo: La stampa 3D di cibo è una realtà emergente, con pasticcerie e ristoranti che sperimentano con la creazione di piatti stampati in 3D utilizzando materiali commestibili come cioccolato o pasta.

La stampa 3D continua a evolversi, con nuovi materiali che vengono costantemente sviluppati e resi disponibili.

Questa diversità di materiali rende la stampa 3D una tecnologia flessibile e adatta a una vasta gamma di applicazioni in diversi settori.

(2.3) Tipi di Stampanti 3D: FDM, SLA, SLS, e Altro

Esistono diversi tipi di stampanti 3D, ognuna delle quali utilizza un metodo di stampa diverso e materiali specifici. Ecco alcuni dei tipi di stampanti 3D più comuni:

Fused Deposition Modeling (FDM): Le stampanti FDM sono tra le più comuni e accessibili sul mercato.

Funzionano depositando strati di materiale termoplastico fuso, di solito in forma di filamento, per creare l'oggetto strato dopo strato.

Le stampanti FDM sono ampiamente utilizzate per la prototipazione rapida e la creazione di oggetti a scopo educativo.

Stereolithography (SLA): Le stampanti SLA utilizzano resine fotosensibili che vengono indurite strato dopo strato utilizzando un laser ultravioletto. Questo metodo offre una straordinaria precisione e dettaglio, ed è comunemente utilizzato per la produzione di gioielli, prototipi di alta qualità e parti mediche.

Selective Laser Sintering (SLS): Le stampanti SLS utilizzano polveri di materiali come poliammide o metallo e un laser per fondere le particelle strato dopo strato.

Questo metodo è noto per la sua capacità di produrre parti resistenti e funzionali ed è spesso utilizzato nell'industria aerospaziale e automobilistica.

Jetting a Getto di Materiale: Questo metodo utilizza testine di stampa simili a quelle delle stampanti a getto d'inchiostro, ma invece di inchiostro, deposita materiali come resine o polveri legate da un agente legante. Questo metodo è utilizzato in applicazioni come la stampa di ceramica o cibo.

DLP (Digital Light Processing): Simile alla tecnologia SLA, le stampanti DLP utilizzano una luce ultravioletta per indurire resine fotosensibili. Tuttavia, utilizzano un proiettore digitale per indurire interi strati alla volta, rendendo il processo più veloce rispetto alle stampanti SLA.

PolyJet: Questo metodo utilizza testine di stampa per depositare piccole gocce di resina che vengono indurite con luce ultravioletta. La stampa PolyJet può creare oggetti con colori e materiali multipli nello stesso processo, il che è utile per la produzione di prototipi realistici.

Bioprinting: Questa tecnologia è specializzata nella stampa di tessuti e organi biologici utilizzando cellule vive come materiale di base. È utilizzata in applicazioni mediche e di ricerca avanzate.

Ogni tipo di stampante 3D ha vantaggi e limitazioni specifiche, il che le rende adatte a diverse applicazioni. La scelta del tipo di stampante 3D dipende dall'uso previsto e dai materiali desiderati.

Applicazioni della Stampa 3D

(3.1) Prototipazione Rapida e Produzione di Componenti

La stampa 3D ha rivoluzionato il processo di prototipazione rapida e la produzione di componenti in vari settori. Ecco come la tecnologia di stampa 3D ha impattato queste aree:

Prototipazione Rapida:
La prototipazione rapida è una delle applicazioni più comuni della stampa 3D. Le aziende e i progettisti utilizzano la stampa 3D per creare prototipi fisici dei loro prodotti in modo rapido ed economico.

Questo approccio consente di testare il design, valutare la funzionalità e apportare modifiche con facilità prima di impegnarsi in costose produzioni di massa. La stampa 3D riduce notevolmente i tempi di sviluppo dei prodotti, consentendo alle aziende di portare i loro prodotti sul mercato più velocemente.

Produzione di Componenti Personalizzati:
La stampa 3D consente la produzione su misura di componenti e parti. Questa personalizzazione è particolarmente preziosa nei settori dell'automotive, dell'aerospaziale e della medicina. Ad esempio, le protesi mediche possono essere progettate e prodotte su misura per il paziente, garantendo una migliore adattabilità e funzionalità. Nell'industria aerospaziale, la stampa 3D consente la produzione di componenti leggeri e complessi che migliorano le prestazioni dei veicoli spaziali.

Produzione su Piccola Scala e Localizzata:
La stampa 3D ha reso possibile la produzione su piccola scala e localizzata. Questo è particolarmente vantaggioso per le piccole imprese e le startup che possono produrre pezzi su richiesta senza la necessità di grandi stabilimenti di produzione. Ciò riduce notevolmente i costi iniziali e il rischio finanziario associato alla produzione.

Personalizzazione di Prodotti di Consumo:
Nell'industria dei beni di consumo, la stampa 3D ha aperto la strada alla personalizzazione dei prodotti. Gli acquirenti possono personalizzare scarpe, abbigliamento, gioielli e altri oggetti secondo i loro gusti personali. Questo offre nuove opportunità di business per le aziende che cercano di soddisfare la domanda di prodotti unici e personalizzati.

Riduzione degli Sprechi:

La stampa 3D riduce gli sprechi di materiali durante il processo di produzione, poiché solo il materiale necessario viene utilizzato per creare l'oggetto desiderato. Questo è particolarmente importante nei settori in cui la sostenibilità ambientale è una priorità.

In sintesi, la stampa 3D ha trasformato il modo in cui progettiamo, prototipiamo e produciamo componenti e prodotti. La sua flessibilità, personalizzazione e efficienza ne fanno una tecnologia essenziale in una vasta gamma di settori.

(3.2) Medicina e Stampa 3D di Organi e Protetica

L'innovazione nella stampa 3D ha rivoluzionato il campo della medicina, consentendo nuove possibilità nella creazione di organi artificiali e dispositivi protesici. Di seguito sono riportati alcuni dei principali sviluppi in questo settore:

Stampa di Organi Umani:

Una delle applicazioni più rivoluzionarie della stampa 3D in medicina è la possibilità di stampare organi umani funzionali. Utilizzando una tecnica chiamata "bio-stampa 3D," i ricercatori sono stati in grado di stampare tessuti e organi viventi utilizzando cellule umane come inchiostro. Questo apre la strada alla produzione di organi di ricambio per i pazienti in attesa di trapianti. Si tratta di un importante passo avanti per risolvere la carenza di organi donati e ridurre la dipendenza dai donatori.

Protesi Personalizzate:
La stampa 3D consente la creazione di protesi personalizzate e altamente funzionali per pazienti con disabilità fisiche. Queste protesi possono essere progettate su misura per adattarsi perfettamente al corpo del paziente, migliorando la mobilità e la qualità della vita. Inoltre, la stampa 3D consente di produrre protesi a costi più bassi rispetto ai metodi tradizionali di produzione.

Modelli Anatomici per Chirurgia:
I modelli anatomici stampati in 3D sono diventati uno strumento prezioso per i chirurghi. Prima di un intervento chirurgico complesso, i medici possono utilizzare modelli 3D basati su scansioni dei pazienti per pianificare l'operazione, migliorando la precisione e riducendo il rischio durante l'intervento.

Stampa di Farmaci Personalizzati:
La stampa 3D è stata utilizzata per creare farmaci personalizzati con dosaggi specifici per i pazienti. Questo permette di adattare la terapia farmacologica alle esigenze individuali dei pazienti, migliorando l'efficacia dei trattamenti.

Stampa di Dispositivi Medici:

Oltre alle protesi, la stampa 3D è utilizzata per produrre una vasta gamma di dispositivi medici personalizzati, tra cui apparecchi acustici, ausili per la mobilità, supporti ortopedici e più altro. Questa personalizzazione migliora l'efficacia e il comfort dei dispositivi per i pazienti.

In sintesi, la stampa 3D ha aperto nuove frontiere nella medicina, offrendo soluzioni personalizzate e innovative per la cura dei pazienti, dalla stampa di organi umani alla creazione di protesi su misura e dispositivi medici avanzati. Queste applicazioni stanno trasformando il settore medico e offrendo nuove speranze per la salute e la qualità della vita dei pazienti.

(3.3) Aerospaziale e Stampa 3D di Componenti Leggeri

L'industria aerospaziale è uno dei settori che ha maggiormente beneficiato della stampa 3D. La capacità di creare componenti leggeri, complessi e ad alte prestazioni ha rivoluzionato la progettazione e la produzione di aeromobili e veicoli spaziali. Di seguito sono riportate alcune delle applicazioni più significative della stampa 3D nell'ambito aerospaziale:

Riduzione del Peso e dell'Efficienza: La stampa 3D consente di progettare e produrre componenti leggeri e complessi con geometrie ottimizzate. Questo riduce significativamente il peso complessivo degli aeromobili, migliorando l'efficienza del carburante e consentendo una maggiore autonomia di volo.

Progettazione Generativa: La progettazione generativa è una tecnica che sfrutta la stampa 3D per creare strutture interne ottimizzate per la resistenza e la leggerezza. Questa approccio consente di massimizzare le prestazioni dei componenti, riducendo al minimo l'uso di materiali e il peso complessivo.

Produzione di Prototipi: La stampa 3D è ampiamente utilizzata per la rapida prototipazione di nuovi progetti di aeromobili e componenti. Questo consente ai progettisti di testare e perfezionare le loro idee in modo rapido ed economico prima di avviare la produzione in serie.

Componenti Personalizzati: La stampa 3D permette di creare componenti personalizzati per le esigenze specifiche dei progetti aerospaziali. Questo è particolarmente importante per veicoli spaziali in cui ogni grammo di peso conta.

Riparazioni e Manutenzione: La stampa 3D viene utilizzata per produrre componenti di ricambio e pezzi di ricambio per aeromobili e veicoli spaziali, consentendo una manutenzione rapida ed economica.

Materiali Avanzati: Gli sviluppi nella stampa 3D hanno portato alla creazione di materiali avanzati come leghe di alluminio, titanio e materiali compositi che soddisfano i rigorosi standard di qualità e sicurezza dell'industria aerospaziale.

In sintesi, la stampa 3D ha rivoluzionato il settore aerospaziale, consentendo una progettazione più efficiente, una maggiore leggerezza dei componenti e una produzione più flessibile. Queste innovazioni hanno un impatto significativo sulla riduzione dei costi operativi, sull'efficienza dei veicoli e sulla sicurezza dei voli, contribuendo all'avanzamento dell'industria aerospaziale.

(3.4) Industria Automobilistica e Personalizzazione

L'industria automobilistica ha sperimentato un'evoluzione significativa grazie alla stampa 3D. Questa tecnologia ha apportato notevoli miglioramenti in vari aspetti, tra cui la progettazione, la produzione, la personalizzazione e la ricerca e sviluppo. Ecco come la stampa 3D ha influito sull'industria automobilistica:

Progettazione e Prototipazione: La stampa 3D è ampiamente utilizzata per la creazione rapida di prototipi e modelli di veicoli. Questo permette ai progettisti di valutare l'estetica e le funzionalità dei veicoli prima di passare alla produzione in serie, riducendo i costi e i tempi di sviluppo.

Personalizzazione: La stampa 3D consente ai produttori di automobili di offrire livelli di personalizzazione senza precedenti ai clienti. I compratori possono personalizzare parti dell'auto, come il cruscotto, i sedili o gli accessori, in base alle loro preferenze, il che porta a una maggiore soddisfazione del cliente.

Produzione di Componenti: La stampa 3D è utilizzata per la produzione di componenti automobilistici. Parti complesse e leggere possono essere stampate direttamente in loco, riducendo i costi di spedizione e la necessità di immagazzinare un ampio inventario di pezzi di ricambio.

Riduzione del Peso: I componenti stampati in 3D possono essere ottimizzati per la leggerezza e la resistenza. Ciò contribuisce a ridurre il peso totale dell'auto, migliorando l'efficienza del carburante e le prestazioni.

Ricerca e Sviluppo: La stampa 3D viene utilizzata nella ricerca e sviluppo di nuove tecnologie automobilistiche. I prototipi possono essere rapidamente creati e testati, consentendo un progresso più veloce nelle innovazioni come i veicoli elettrici o autonomi.

Ricambi e Manutenzione: Le concessionarie e le officine automobilistiche utilizzano la stampa 3D per produrre pezzi di ricambio personalizzati e componenti difficili da trovare per veicoli più anziani, estendendo così la vita utile dei veicoli.

In generale, la stampa 3D ha contribuito a trasformare l'industria automobilistica, rendendola più flessibile, efficiente e orientata al cliente. Gli automobilisti possono godere di veicoli personalizzati e innovazioni più rapide, mentre le aziende automobilistiche beneficiano di una produzione più intelligente e sostenibile.

(3.5) Arte e Design con la Stampa 3D

La stampa 3D ha rivoluzionato il mondo dell'arte e del design, aprendo nuove possibilità creative e sfidando le tradizionali limitazioni dei materiali e dei processi di produzione. Ecco come la stampa 3D ha influenzato il settore dell'arte e del design:

Creazione di Opere d'Arte: Gli artisti utilizzano la stampa 3D per creare opere d'arte uniche e complesse che sarebbero difficili da realizzare con le tecniche artistiche tradizionali. Questa tecnologia permette la realizzazione di sculture, installazioni e opere concettuali innovative.

Prototipazione e Sperimentazione: I designer sfruttano la stampa 3D per creare prototipi rapidi di prodotti e componenti. Questo processo accelera la fase di progettazione e permette agli designer di testare le loro idee in modo fisico prima di passare alla produzione su larga scala.

Personalizzazione: La stampa 3D consente la personalizzazione di oggetti e prodotti. Designer e aziende possono offrire prodotti su misura, adattati alle esigenze specifiche dei clienti, creando un rapporto più intimo tra il prodotto e l'utente finale.

Mobili e Arredamento: La stampa 3D è utilizzata per creare mobili e elementi di arredamento innovativi. Questa tecnologia consente la produzione di mobili leggeri, resistenti e dal design unico.

Moda e Gioielli: Designer di moda e gioiellieri utilizzano la stampa 3D per creare abiti, accessori e gioielli personalizzati. Questo approccio consente la produzione di pezzi unici e di alta qualità.

Architettura e Edilizia: Nell'ambito dell'architettura, la stampa 3D è utilizzata per la creazione di modelli di edifici e componenti architettonici complessi. Questa tecnologia sta aprendo la strada alla costruzione di edifici con tecniche di stampa 3D avanzate.

Design Sostenibile: La stampa 3D può promuovere il design sostenibile, consentendo la produzione di prodotti con materiali riciclati o la creazione di componenti ottimizzati per ridurre gli sprechi di risorse.

In sintesi, la stampa 3D ha trasformato il settore dell'arte e del design, offrendo a artisti e designer nuovi strumenti per esplorare la loro creatività e realizzare progetti innovativi. La capacità di personalizzazione e la flessibilità dei materiali hanno reso la stampa 3D un'importante risorsa per le menti creative di tutto il mondo.

Vantaggi e Sfide della Stampa 3D

(4.1) Vantaggi della Stampa 3D

La stampa 3D offre una serie di vantaggi significativi che hanno reso questa tecnologia sempre più diffusa in vari settori. Ecco alcuni dei principali vantaggi della stampa 3D:

Riduzione dei Costi di Produzione: La stampa 3D consente di ridurre i costi di produzione, specialmente nella creazione di prototipi e piccoli lotti di produzione. Questo è particolarmente vantaggioso per le startup e le aziende che cercano di portare nuovi prodotti sul mercato.

Personalizzazione: La capacità di personalizzare i prodotti è uno dei punti di forza della stampa 3D. Gli oggetti possono essere adattati alle esigenze specifiche di un singolo cliente, consentendo la creazione di prodotti su misura.

Riduzione degli Sprechi: La stampa 3D aggiunge materia solo dove è necessaria, riducendo gli sprechi di materiale. Questo è ecologicamente sostenibile e può portare a una significativa riduzione dei costi di materiale.

Velocità di Prototipazione: La stampa 3D permette la rapida creazione di prototipi fisici. Ciò accelera il processo di progettazione e consente ai progettisti di testare e migliorare i loro concept più velocemente.

Complessità Geometrica: La stampa 3D può produrre oggetti con geometrie complesse e dettagli intricati che sarebbero difficili o impossibili da realizzare con metodi tradizionali.

Produzione su Richiesta: La stampa 3D permette di produrre oggetti solo quando sono necessari, evitando il mantenimento di grandi scorte di prodotti. Questo è vantaggioso per la logistica e la gestione delle scorte.

Personalizzazione di Massa: La stampa 3D può essere utilizzata per produrre in modo efficiente piccoli lotti di prodotti personalizzati, aprendo la strada alla personalizzazione di massa.

Sperimentazione e Innovazione: La tecnologia di stampa 3D incoraggia l'innovazione e l'esperimento, consentendo ai progettisti di esplorare nuove idee e soluzioni.

Settori Multidisciplinari: La stampa 3D è applicabile in una vasta gamma di settori, dall'arte all'industria, dall'edilizia alla medicina. Questa versatilità la rende una tecnologia trasversale.

Riparazione e Sostituzione di Parti: La stampa 3D può essere utilizzata per riparare o sostituire parti di apparecchiature e oggetti, estendendo la vita utile di molti prodotti.

In sintesi, la stampa 3D è una tecnologia innovativa che offre numerosi vantaggi, tra cui la riduzione dei costi, la personalizzazione, la velocità di prototipazione e la versatilità in vari settori. Questi vantaggi hanno contribuito a renderla una tecnologia sempre più centrale in molte industrie.

(4.2) Sfide della Stampa 3D: Qualità, Costi e Materiali

Sebbene la stampa 3D offra numerosi vantaggi, presenta anche alcune sfide significative che devono essere affrontate per sfruttarne appieno il potenziale. Ecco alcune delle principali sfide associate alla stampa 3D:

Qualità delle Stampe: La qualità delle stampe 3D può variare notevolmente in base alla tecnologia, ai materiali e alla precisione della stampante. Garantire una qualità costante e elevata è una sfida importante, specialmente quando si producono componenti critici.

Costi Iniziali: L'acquisto di stampanti 3D di alta qualità può essere costoso, e questo rappresenta una barriera all'ingresso per molte piccole imprese o individui. Inoltre, alcuni materiali di stampa 3D possono essere costosi.

Materiali Limitati: Anche se il numero di materiali disponibili per la stampa 3D è in costante crescita, alcune applicazioni richiedono materiali specifici che potrebbero non essere facilmente reperibili.

Velocità di Stampa: La stampa 3D può richiedere molto tempo per completare oggetti complessi, il che può essere un problema in situazioni in cui è necessaria una produzione rapida.

Finitura e Post-elaborazione: Le stampe 3D spesso richiedono finiture e post-elaborazione per ottenere un aspetto e una funzionalità desiderati. Questo può richiedere tempo aggiuntivo.

Protezione della Proprietà Intellettuale: La facilità di copiare oggetti tramite la stampa 3D solleva preoccupazioni sulla protezione della proprietà intellettuale, specialmente per designer e aziende.

Riciclaggio dei Materiali: La gestione dei rifiuti generati dalla stampa 3D e il riciclaggio dei materiali sono sfide importanti, specialmente quando si utilizzano materiali plastici.

Regolamentazione: In alcuni settori, come la sanità, le stampanti 3D devono rispettare regolamenti rigorosi per garantire la sicurezza e l'efficacia dei prodotti stampati.

Conoscenza Tecnica: La stampa 3D richiede una conoscenza tecnica specifica. Gli operatori devono essere addestrati per utilizzare le stampanti e comprendere i diversi aspetti della tecnologia.

Standard e Normative: Lo sviluppo di standard e normative specifiche per la stampa 3D è ancora in corso, il che può rendere difficile garantire la qualità e la sicurezza delle stampe.

Nonostante queste sfide, la stampa 3D continua a crescere e a trovare applicazioni in un numero sempre maggiore di settori. Con ulteriori sviluppi tecnologici e regolamentari, molte di queste sfide potrebbero essere affrontate in modo efficace, consentendo una maggiore diffusione e utilizzo della tecnologia.

Sviluppo e Programmazione nella Stampa 3D

(5.1) Software per la Creazione di Modelli 3D

La creazione di modelli 3D è una parte fondamentale del processo di stampa 3D, e per farlo sono disponibili vari software specializzati. Ecco una panoramica dei software più utilizzati per la creazione di modelli 3D:

Tinkercad: Tinkercad è un software di modellazione 3D basato su browser che è ideale per principianti. Offre un'interfaccia intuitiva e strumenti semplici per creare modelli 3D di base. È ampiamente utilizzato nelle scuole per insegnare ai bambini i concetti di progettazione 3D.

Blender: Blender è un software open-source e gratuito di modellazione 3D che offre funzionalità avanzate per gli utenti più esperti. È utilizzato per creare una vasta gamma di contenuti, tra cui animazioni, rendering, videogiochi e modelli stampabili in 3D.

Fusion 360: Fusion 360 è un'applicazione di modellazione 3D di Autodesk, ed è molto apprezzata dagli ingegneri e dai designer. Offre strumenti avanzati per la progettazione parametrica, la simulazione e l'ingegneria inversa.

Tinkercad: Tinkercad è un'applicazione di modellazione 3D di Autodesk, progettata per semplificare la creazione di modelli 3D. È particolarmente adatto per progetti di stampa 3D di livello base e medio.

SolidWorks: SolidWorks è un software di progettazione 3D ampiamente utilizzato nell'ambito dell'ingegneria e della progettazione industriale. È noto per la sua robusta funzionalità di modellazione parametrica e di assemblaggio.

ZBrush: ZBrush è uno strumento di modellazione 3D specializzato nella scultura digitale. È ampiamente utilizzato dagli artisti per creare modelli organici e dettagliati, spesso utilizzati per la stampa 3D di figurine e oggetti artistici.

OpenSCAD: OpenSCAD è un software di modellazione 3D basato su codice. Gli utenti definiscono il loro modello attraverso scripting piuttosto che attraverso un'interfaccia grafica. È ideale per coloro che hanno familiarità con la programmazione.

Meshmixer: Meshmixer è uno strumento di modellazione 3D gratuito di Autodesk che si concentra sulla manipolazione di mesh. È utile per la pulizia e la riparazione di modelli, oltre che per la combinazione di più oggetti in un unico modello.

Sculptris: Sculptris è un'applicazione di scultura digitale gratuita progettata per i principianti. Offre uno strumento di scultura intuitivo per la creazione di modelli organici.

La scelta del software dipende dalle tue esigenze, dalla tua esperienza e dal tipo di oggetto che desideri creare. Molti di questi software offrono versioni gratuite o trial che consentono di esplorarli prima di impegnarsi nell'acquisto di una licenza completa.

(5.2) Preparazione dei File per la Stampa 3D

La preparazione dei file per la stampa 3D è una fase critica per garantire che il tuo modello venga stampato con successo. Ecco i passaggi chiave per preparare correttamente i file:

Ottimizzazione del Modello: Verifica che il tuo modello 3D sia correttamente ottimizzato per la stampa. Ciò significa che dovrebbe essere stato pulito da eventuali errori o imperfezioni. Molte applicazioni di modellazione 3D offrono strumenti per la riparazione automatica dei modelli.

Orientazione: Scegli l'orientamento corretto del tuo modello sulla piattaforma di stampa. L'orientamento può influire sulla qualità della stampa e sulla resistenza del pezzo. Inoltre, considera se il tuo oggetto richiede supporti aggiuntivi per evitare il collasso durante la stampa.

Risoluzione e Dimensioni: Assicurati che la risoluzione del tuo modello sia adeguata. Aumentare la risoluzione può migliorare la qualità della stampa, ma aumenterà anche il tempo di stampa. Controlla le dimensioni del modello e verifica che siano adeguate alle tue esigenze.

Formato del File: Verifica che il tuo modello sia nel formato corretto richiesto dalla tua stampante 3D. Il formato STL è il più comune, ma ci sono anche altri formati supportati.

Slicing del Modello: Utilizza un software di slicing per convertire il tuo modello 3D in istruzioni comprensibili per la tua stampante 3D. Il software di slicing suddividerà il modello in strati e genererà il codice G necessario per la stampa.

Parametri di Stampa: Imposta i parametri di stampa desiderati, come la temperatura dell'ugello, la velocità di stampa e l'infill (riempimento). Questi parametri dipenderanno dai materiali utilizzati e dalle specifiche della stampante.

Controllo degli Errori: Prima di avviare la stampa, esegui una simulazione o una vista preliminare per individuare eventuali errori o problemi potenziali. Ciò può aiutarti a evitare errori costosi.

Calibrazione: Assicurati che la tua stampante 3D sia correttamente calibrata. La calibrazione influisce sulla precisione e sulla qualità della stampa.

Gestione del Letto di Stampa: Se stai usando una stampante con letto riscaldato, assicurati che sia a temperatura corretta e che il materiale aderisca bene.

Monitoraggio: Durante la stampa, monitora attentamente il progresso per rilevare eventuali problemi. Alcune stampanti 3D sono dotate di telecamere integrate che consentono il monitoraggio remoto.

Rimozione e Rifinitura: Una volta completata la stampa, rimuovi con cura il pezzo dalla piattaforma di stampa e applica eventuali rifiniture necessarie, come la rimozione dei supporti o la levigatura delle superfici.

La preparazione accurata dei file è essenziale per ottenere risultati di stampa 3D di alta qualità. Con l'esperienza, imparerai a perfezionare questo processo e a ottenere oggetti stampati sempre migliori.

(5.3) Progetti Open Source e Comunità di Stampa 3D

La stampa 3D ha visto una crescita notevole grazie ai progetti open source e alle comunità di appassionati che si sono formati in tutto il mondo. Questi sforzi collaborativi hanno contribuito a democratizzare la tecnologia e a promuovere l'innovazione. Ecco alcuni punti chiave relativi ai progetti open source e alle comunità di stampa 3D:

Accesso Universale: Uno dei principali obiettivi dei progetti open source nel campo della stampa 3D è stato rendere l'accesso a questa tecnologia disponibile a un pubblico più ampio. Condividendo liberamente schemi, software e risorse, queste iniziative hanno abbattuto le barriere all'ingresso per gli appassionati e gli innovatori.

RepRap: RepRap, che sta per "Replicating Rapid Prototyper," è uno dei progetti open source più noti nel campo della stampa 3D. Il suo obiettivo era la creazione di una stampante 3D che potesse replicare la maggior parte delle sue parti. Questo concetto ha permesso a molte persone di costruire le proprie stampanti 3D a costi accessibili.

Thingiverse: Thingiverse è una piattaforma online che ospita una vasta raccolta di modelli 3D gratuiti e condivisibili. Gli utenti possono caricare, scaricare e modificare liberamente progetti per stampanti 3D. Questa comunità ha creato un ricco ecosistema di idee e progetti.

Hackerspaces e Fab Labs: I luoghi come gli hackerspaces e i Fab Labs sono diventati punti di incontro per gli appassionati di stampa 3D. Questi spazi offrono accesso condiviso a stampanti 3D e altre attrezzature, oltre a favorire la collaborazione e la condivisione di conoscenze.

Collaborazione Globale: Le comunità di stampa 3D si sono organizzate a livello globale per condividere conoscenze e collaborare a progetti innovativi. Queste reti consentono a designer, ingegneri e maker di lavorare insieme su idee creative e soluzioni pratiche.

Progetti Benefici: Oltre alla stampa di oggetti di svago, le comunità di stampa 3D sono impegnate in progetti benefici. Ad esempio, durante la pandemia di COVID-19, molte persone hanno utilizzato stampanti 3D per produrre dispositivi di protezione individuale e componenti per ventilatori.

Innovazione Continua: Le comunità di stampa 3D sono spesso al centro dell'innovazione in questo settore. Nuove tecniche, materiali e applicazioni vengono costantemente esplorate e condivise, mantenendo la tecnologia in costante evoluzione.

La stampa 3D è diventata una disciplina collaborativa e inclusiva, grazie ai progetti open source e alle comunità online e locali. Questi sforzi collettivi continuano a spingere i confini dell'innovazione, aprendo nuove possibilità in settori come la produzione, la medicina, l'arte e molto altro ancora.

Impatto Economico e Sociale della Stampa 3D

(6.1) Trasformazione dell'Industria Manifatturiera attraverso la Stampa 3D

La stampa 3D sta rivoluzionando l'industria manifatturiera in modi innovativi ed eccezionali, ridefinendo i processi tradizionali e aprendo nuove frontiere nell'innovazione. Questo capitolo esplorerà come la tecnologia della stampa 3D abbia portato a una trasformazione significativa nel settore manifatturiero:

Produzione su Misura: Una delle principali trasformazioni è la capacità di produrre pezzi su misura. La stampa 3D consente di creare prodotti adatti alle esigenze specifiche del cliente, riducendo al minimo gli sprechi di materiali.

Prototipazione Veloce: Le aziende possono ora sviluppare prototipi in modo più rapido ed economico rispetto ai metodi tradizionali. Questo accelera il processo di progettazione e riduce i costi di sviluppo.

Produzione Distribuita: La stampa 3D consente una produzione più distribuita, con la possibilità di creare pezzi o componenti in loco, vicino ai luoghi di utilizzo finale. Questo può ridurre i costi di trasporto e migliorare l'efficienza della catena di approvvigionamento.

Componenti Leggeri: La progettazione orientata alla stampa 3D consente di creare componenti più leggeri, ma altamente performanti. Questo è particolarmente importante nell'industria dell'aviazione e dell'automotive, dove il peso dei materiali ha un impatto significativo sull'efficienza del carburante.

Personalizzazione di Massa: Grazie alla flessibilità della stampa 3D, le aziende possono offrire prodotti personalizzati su larga scala. Questo è evidente nei settori dell'abbigliamento, delle calzature e dei prodotti di consumo, dove i clienti possono ottenere articoli unici adattati alle loro preferenze.

Minimizzazione degli Scarti: Poiché la stampa 3D è un processo additivo, riduce significativamente gli sprechi di materiale. Ciò contribuisce non solo all'efficienza ambientale, ma anche alla riduzione dei costi di produzione, rendendo il processo più sostenibile ed economico.

Riparazioni e Manutenzione: La stampa 3D è utilizzata ampiamente per la produzione di pezzi di ricambio e componenti necessari per la manutenzione di macchinari e attrezzature industriali. Questa capacità è cruciale per mantenere in funzione apparecchiature più a lungo e ridurre i tempi di inattività.

Design Innovativo: La libertà di progettazione offerta dalla stampa 3D consente il design di componenti che non sarebbero fattibili con i processi tradizionali. Questo apre la strada a nuove idee e innovazioni.

Settore Odontoiatrico e Medico: La stampa 3D è ampiamente utilizzata per creare protesi dentali, apparecchi ortodontici personalizzati e persino impianti chirurgici su misura, migliorando la qualità della cura e la vita dei pazienti.

Formazione e Ricerca: Le istituzioni accademiche e di ricerca sfruttano la stampa 3D per scopi educativi e per condurre esperimenti in vari campi scientifici, preparando nuove generazioni di professionisti e contribuendo all'avanzamento della conoscenza.

La trasformazione dell'industria manifatturiera attraverso la stampa 3D sta ridefinendo la produzione, la progettazione e la logistica.

Questa tecnologia continua a evolversi, aprendo nuove opportunità per l'innovazione e la personalizzazione, con un impatto significativo su diversi settori industriali.

(6.2) Distribuzione Globale e Produzione Locale con la Stampa 3D

La stampa 3D sta rivoluzionando il modo in cui i prodotti vengono distribuiti e fabbricati in tutto il mondo. Questo capitolo esplorerà come la tecnologia della stampa 3D sta promuovendo una nuova era di distribuzione globale e produzione locale:

Distribuzione Globale: La stampa 3D consente di trasmettere istantaneamente dati di progettazione digitali da una parte del mondo all'altra.

Questo significa che i prodotti possono essere progettati in un luogo e prodotti in un altro, superando le barriere geografiche.

Personalizzazione su Richiesta: Con la capacità di produrre su misura, la stampa 3D rende possibile la personalizzazione di prodotti in base alle esigenze individuali. I clienti possono inviare le proprie specifiche e ricevere prodotti unici.

Riduzione dei Tempi di Approvvigionamento: Eliminando la necessità di spedire prodotti attraverso lunghe catene di

approvvigionamento internazionali, la stampa 3D consente di ridurre drasticamente i tempi di consegna.

Minimizzazione degli Scarti: Poiché la stampa 3D è un processo additivo, non genera sprechi di materiale significativi. Ciò contribuisce a una produzione più sostenibile e rispettosa dell'ambiente.

Produzione Locale: La stampa 3D rende possibile la produzione locale di componenti e prodotti finiti. Questo approccio "fabbrica vicino al cliente" riduce i costi di spedizione e contribuisce a una produzione più sostenibile.

Agilità Produttiva: Le aziende possono adattarsi rapidamente alle fluttuazioni della domanda producendo in loco, evitando costosi e lenti adattamenti nella catena di approvvigionamento globale.

Risposta a Emergenze: La stampa 3D è stata utilizzata con successo per la produzione rapida di forniture mediche e attrezzature in risposta a situazioni di emergenza, come la pandemia COVID-19.

Co-Creazione Globale: La collaborazione globale tra designer e produttori è resa possibile dalla condivisione dei file digitali. Questo porta a innovazioni più veloci e al raggiungimento di nuovi mercati.

Produzione su Piccola Scala: Le piccole imprese e gli imprenditori possono sfruttare la stampa 3D per avviare attività di produzione su scala ridotta, riducendo così i rischi finanziari.

Sostenibilità: La produzione locale riduce la necessità di trasporti a lunga distanza, contribuendo a una riduzione complessiva delle emissioni di carbonio associate alla logistica.

La combinazione di distribuzione globale e produzione locale sta cambiando radicalmente il panorama economico e logistico. La stampa 3D apre la strada a una maggiore efficienza, personalizzazione e sostenibilità nell'industria manifatturiera.

(6.3) Stampa 3D e Sostenibilità Ambientale

La stampa 3D ha dimostrato un potenziale significativo nel contribuire alla sostenibilità ambientale in diversi modi. Questo capitolo esplorerà come la tecnologia della stampa 3D sta promuovendo la sostenibilità ambientale:

Riduzione degli Sprechi: A differenza dei metodi di produzione tradizionali, che spesso comportano la rimozione di materiale da un blocco grezzo, la stampa 3D è un processo additivo. Ciò significa che il materiale viene depositato solo dove è necessario, riducendo notevolmente gli sprechi di materiale.

Materiali Sostenibili: Le stampanti 3D consentono l'utilizzo di una vasta gamma di materiali, compresi quelli sostenibili come bioplastiche e materiali riciclati. Questo apre la strada a una produzione più ecocompatibile.

Progettazione Ottimizzata: La stampa 3D facilita la progettazione di parti leggere e strutturalmente efficienti. Questo si traduce in prodotti più leggeri e meno risorse necessarie per il trasporto.

Produzione Locale: La produzione locale riduce la necessità di spedire prodotti su lunghe distanze, contribuendo a una riduzione delle emissioni di carbonio legate alla logistica.

Riciclo e Riutilizzo: I rifiuti di stampa 3D possono essere macinati e riciclati per creare nuovo materiale per la stampa, promuovendo un ciclo di vita più lungo dei materiali.

Personalizzazione e Riduzione degli Scarti: La capacità di produrre pezzi personalizzati in base alle esigenze riduce la produzione e l'acquisto di articoli standard che possono finire per essere sprecati.

Applicazioni in Campo Medico: La stampa 3D è utilizzata per creare protesi personalizzate e dispositivi medici, riducendo la necessità di prodotti generici che spesso diventano rifiuti.

Riduzione del Magazzino: La produzione su richiesta resa possibile dalla stampa 3D elimina la necessità di grandi magazzini di stoccaggio, risparmiando spazio e risorse.

Edilizia Sostenibile: La stampa 3D viene sperimentata nell'edilizia per creare case e strutture con una maggiore efficienza energetica e un impatto ambientale ridotto.

Mobilità Sostenibile: La produzione di componenti leggeri e personalizzati per veicoli e droni promuove la mobilità sostenibile e riduce le emissioni di carbonio.

La stampa 3D rappresenta una pietra miliare nella produzione sostenibile, contribuendo a ridurre gli sprechi di risorse, l'inquinamento e l'impatto ambientale complessivo. La sua versatilità e sostenibilità stanno cambiando la prospettiva su come vengono realizzati e utilizzati i prodotti in tutto il mondo.

Aspetti Etici e Regolamentari

(7.1) Proprietà Intellettuale e Diritti di Copyright nella Stampa 3D

La stampa 3D presenta una serie di sfide uniche in termini di proprietà intellettuale (PI) e diritti di copyright. Questo capitolo esplorerà i dilemmi e le considerazioni etiche legate alla PI nella stampa 3D:

La Condivisione di Modelli: Con l'aumento della disponibilità di modelli 3D online, è essenziale affrontare la questione della condivisione e della riproduzione non autorizzata di modelli protetti da copyright. Molti siti Web offrono modelli 3D gratuiti o a pagamento, ma può essere difficile monitorare e far rispettare i diritti d'autore.

Conflitti di Proprietà: Quando un individuo o un'azienda crea un modello 3D, chi possiede effettivamente i diritti su quel modello? Ciò diventa ancora più complicato quando diverse parti collaborano alla creazione di un oggetto stampato in 3D.

Diritti di Modifica e Distribuzione: I modelli 3D possono essere modificati facilmente da chiunque abbia accesso a loro. Questo solleva domande sulla possibilità di distribuire modelli modificati senza il consenso del creatore originale.

Protezione dei Dati e della Proprietà Intellettuale: In un ambiente di produzione 3D decentralizzato, proteggere la PI diventa una sfida. Come possono essere protetti i file di design e i dati aziendali sensibili?

Ruolo delle Licenze: Alcuni creatori di modelli 3D utilizzano licenze specifiche, come le licenze Creative Commons, per regolare l'uso dei loro modelli. Queste licenze consentono ai creatori di specificare i termini di utilizzo, ma devono essere rispettate dagli utenti.

Implicazioni Legali Internazionali: La PI è soggetta a leggi diverse in tutto il mondo. La stampa 3D attraversa confini, il che può rendere difficile stabilire giurisdizione e regolamentazione.

Educazione e Sensibilizzazione: L'educazione degli utenti sulla PI e i diritti di copyright è cruciale. Gli utenti devono comprendere le implicazioni legali e etiche della stampa 3D.

Innovazioni Legate alla PI: Alcune tecnologie emergenti, come le firme digitali basate su blockchain, potrebbero offrire nuovi modi per proteggere la PI nella stampa 3D.

(7.2) Sicurezza e Regolamentazione nell'Utilizzo della Stampa 3D

La stampa 3D è una tecnologia in continua crescita che presenta sfide significative in termini di sicurezza e regolamentazione. Questo capitolo esamina l'importanza di affrontare queste questioni:

Materiali Sicuri: La scelta dei materiali di stampa è fondamentale per la sicurezza.

La fusione di materiali plastici o metallici può rilasciare sostanze nocive se non utilizzati correttamente. Pertanto, è essenziale garantire la qualità e la sicurezza dei materiali utilizzati in stampa 3D.

Esposizione a Emissioni: Durante il processo di stampa 3D, possono essere emesse emissioni gassose o particolati. Questi possono essere dannosi se inalati o se entrano in contatto con la pelle.

Gli operatori e gli utenti di stampanti 3D devono essere consapevoli dei potenziali rischi e prendere misure preventive.

Normative e Standard: Molti settori, come l'industria aeronautica o medica, richiedono che i componenti stampati in 3D rispettino normative rigorose. Garantire la conformità a queste norme è essenziale per l'utilizzo sicuro della tecnologia.

Regolamentazione Internazionale: La stampa 3D attraversa le frontiere nazionali, il che può complicare la regolamentazione. È importante stabilire standard internazionali che garantiscano un utilizzo sicuro e responsabile.

Formazione e Educazione: Gli operatori e gli utenti devono essere adeguatamente formati sulla sicurezza e sull'uso corretto delle stampanti 3D.

Questa formazione dovrebbe includere linee guida per la gestione dei materiali e la manipolazione delle macchine.

Rischi per la Proprietà Intellettuale: Come discusso nel capitolo precedente, la sicurezza riguarda anche la protezione della proprietà intellettuale.

La pirateria dei modelli 3D e la distribuzione non autorizzata possono costituire rischi significativi.

Rilevanza in Diversi Settori: La sicurezza nella stampa 3D è particolarmente rilevante in settori come l'industria aerospaziale e medicale, dove la precisione e l'affidabilità sono cruciali per la sicurezza delle persone.

Regolamentazione Futura: Con la crescita dell'uso della stampa 3D, è probabile che aumenti anche la regolamentazione. Gli attori del settore e le autorità devono collaborare per sviluppare normative adeguate.

(7.3) Considerazioni Etiche nell'Utilizzo della Stampa 3D

L'uso diffuso della stampa 3D solleva importanti questioni etiche che vanno oltre le sfide legate alla sicurezza e alla regolamentazione.

Questo capitolo esplora le considerazioni etiche associate all'utilizzo della tecnologia di stampa 3D:

Proprietà Intellettuale: La condivisione non autorizzata di file di progetto per la stampa 3D può sollevare dubbi etici sulla violazione della proprietà intellettuale.

La protezione dei diritti d'autore e la prevenzione della pirateria sono questioni fondamentali.

Armi e Oggetti Pericolosi: La capacità di stampare armi o oggetti pericolosi tramite la tecnologia di stampa 3D può innescare preoccupazioni etiche. La regolamentazione e la sorveglianza sono necessarie per impedire un uso improprio.

Biotecnologia e Medicina: Nella stampa 3D di tessuti biologici e organi, emergono questioni etiche complesse legate alla manipolazione genetica e alla clonazione.

Bisogna affrontare dibattiti sulla creazione e l'utilizzo di parti del corpo umano stampate in 3D.

Educazione e Accesso: Garantire l'accesso equo alla tecnologia di stampa 3D e l'educazione associata è una questione etica. Ridurre il divario digitale e promuovere l'uguaglianza delle opportunità è fondamentale.

Ambiente: L'impatto ambientale della stampa 3D, specialmente quando si utilizzano materiali plastici, è una preoccupazione etica. La promozione di pratiche di stampa sostenibili è una priorità.

Privacy: La possibilità di creare modelli di persone o oggetti tramite la scansione 3D solleva domande sulla privacy. Il consenso e la gestione etica dei dati personali sono importanti.

Responsabilità del Creatore: Chi crea e distribuisce file di progetto per la stampa 3D deve assumersi la responsabilità etica delle conseguenze dell'uso dei propri progetti.

Sorveglianza e Libertà Personale: La diffusione di tecnologie di sorveglianza basate sulla stampa 3D può mettere a rischio la privacy e la libertà personale. È necessario bilanciare il potenziale per il bene pubblico con le preoccupazioni etiche.

Distribuzione Globale: La stampa 3D permette la distribuzione globale istantanea di oggetti. Questo solleva domande etiche sulla distribuzione di prodotti e beni in tutto il mondo.

Valori Culturali e Morali: La creazione e la distribuzione di oggetti che potrebbero scontrarsi con valori culturali o morali sollevano dilemmi etici.

Conclusioni: Il Futuro delle Tecnologie Emergenti

In un'epoca di rapida evoluzione tecnologica, le innovazioni emergenti stanno trasformando profondamente il nostro modo di vivere, lavorare e interagire con il mondo circostante.

Questo capitolo riepiloga il ruolo e l'impatto delle tecnologie emergenti, tra cui l'intelligenza artificiale, la robotica, la stampa 3D e la blockchain, sul presente e sul futuro della società.

Versatilità e Interconnessione Tecnologica

Una delle caratteristiche distintive delle tecnologie emergenti è la loro capacità di interagire e sinergizzare tra loro.

Ad esempio, l'intelligenza artificiale alimenta il progresso nella robotica, migliorando le capacità di apprendimento e adattamento dei robot.

Allo stesso tempo, la stampa 3D rivoluziona il processo di prototipazione utilizzato per sviluppare algoritmi di intelligenza artificiale avanzati.

Questa interconnessione crea un ecosistema tecnologico in cui le tecnologie emergenti si potenziano a vicenda, aprendo la strada a soluzioni sempre più innovative.

Impatto Economico e Industriale

Le tecnologie emergenti stanno plasmando i settori economici in modi sorprendenti. L'intelligenza artificiale sta aumentando l'efficienza operativa in una vasta gamma di industrie, dalla produzione all'assistenza sanitaria, migliorando la gestione delle risorse e riducendo i costi. La robotica sta trasformando la produzione e la logistica, contribuendo all'automazione di processi critici.

La stampa 3D sta rivoluzionando la manifattura, consentendo personalizzazione su vasta scala e sostenibilità ambientale. La blockchain sta reinventando le pratiche finanziarie e commerciali, introducendo trasparenza e sicurezza.

Sfide e Considerazioni Etiche

Nonostante i benefici, le tecnologie emergenti portano con sé sfide etiche e sociali. L'automazione alimentata dall'intelligenza artificiale solleva preoccupazioni sull'occupazione e sull'equità economica.

La robotica solleva questioni di sicurezza e privacy, specialmente nei robot sociali e nell'assistenza medica. La blockchain affronta sfide relative alla regolamentazione e alla protezione dei dati personali.

La stampa 3D può innescare dibattiti sulla proprietà intellettuale e sulle normative ambientali. Affrontare queste sfide richiederà una governance informata e politiche pubbliche sagge.

Prospettive Future e Innovazione Continua

Il futuro delle tecnologie emergenti è promettente. L'intelligenza artificiale continuerà a migliorare l'elaborazione dei dati e l'apprendimento automatico, portando a sistemi più intelligenti e autonomi.

La robotica diventerà sempre più sofisticata, trovando applicazioni più ampie in settori come la medicina e l'assistenza agli anziani.

La stampa 3D svilupperà nuovi materiali e tecniche, consentendo una produzione sempre più sostenibile e personalizzata.

La blockchain evolverà ulteriormente, potenzialmente rivoluzionando l'industria finanziaria e la gestione dei dati.

In conclusione, le tecnologie emergenti stanno guidando l'innovazione e la trasformazione in tutto il mondo.

Se utilizzate in modo responsabile e in linea con valori etici, queste tecnologie possono migliorare la qualità della vita umana, creando un futuro più sostenibile e connesso.

La chiave per affrontare le sfide e cogliere le opportunità di queste tecnologie sta nell'adozione di una mentalità aperta all'innovazione e nella collaborazione tra individui, aziende e governi. Il futuro ci riserva ancora molte scoperte e progressi emozionanti, e le tecnologie emergenti saranno al centro di questa straordinaria avventura.

Glossario

Intelligenza Artificiale

Intelligenza Artificiale (IA): Campo di ricerca e sviluppo che mira a creare sistemi informatici capaci di eseguire compiti che richiedono normalmente l'intelligenza umana, come apprendere, ragionare e prendere decisioni.

Apprendimento Automatico (Machine Learning): Un sottoinsieme dell'IA che si concentra sulla creazione di algoritmi che consentono ai computer di migliorare le prestazioni in un compito specifico attraverso l'esperienza, senza essere esplicitamente programmati.

Rete Neurale Artificiale (Neural Network): Un modello computazionale ispirato alla struttura del cervello umano, utilizzato in apprendimento automatico per riconoscimento di pattern e compiti di apprendimento.

Apprendimento Supervisionato (Supervised Learning): Una tecnica di apprendimento automatico in cui un modello è addestrato su un insieme di dati etichettati, consentendo di fare previsioni o classificazioni su nuovi dati.

Apprendimento Non Supervisionato (Unsupervised Learning): Un approccio di apprendimento automatico in cui un modello cerca modelli o relazioni nei dati senza dati di addestramento etichettati.

Apprendimento Rinforzato (Reinforcement Learning): Una forma di apprendimento automatico in cui un agente impara a compiere azioni in un ambiente al fine di massimizzare una ricompensa, attraverso il tentativo ed errore.

Riconoscimento Automatico del Linguaggio Naturale (NLP): La capacità di un sistema informatico di comprendere, interpretare e generare il linguaggio umano, consentendo interazioni più naturali tra uomo e computer.

Reti Neurali Convoluzionali (CNN o ConvNets): Un tipo di rete neurale ampiamente utilizzato per il riconoscimento di immagini, in cui le informazioni vengono elaborate in modo gerarchico, simile alla percezione umana.

Elaborazione del Linguaggio Naturale (NLP): Il campo dell'IA che si concentra sull'interazione tra computer e linguaggio umano, consentendo alle macchine di comprendere, generare e rispondere al testo scritto o parlato.

Algoritmo Genetico: Un metodo di ricerca ispirato alla teoria dell'evoluzione, utilizzato nell'apprendimento automatico per trovare soluzioni ottimali a problemi complessi.

Bias (Prejudice): Un problema etico nell'IA in cui i modelli possono sviluppare pregiudizi o discriminazioni basate sui dati di addestramento, riflettendo i bias umani presenti nei dati.

Deep Learning: Un approccio all'apprendimento automatico che utilizza reti neurali profonde, con molti livelli di unità nascoste, per elaborare dati complessi e riconoscere pattern.

Big Data: Grandi quantità di dati che richiedono strumenti avanzati per l'archiviazione, l'analisi e l'estrazione di informazioni significative.

Overfitting: Un problema in cui un modello di apprendimento automatico si adatta eccessivamente ai dati di addestramento, riducendo la sua capacità di generalizzare su nuovi dati.

Sovrallenamento (Underfitting): Un problema in cui un modello di apprendimento automatico è troppo semplice per catturare la complessità dei dati di addestramento e non può fare previsioni accurate.

TensorFlow e PyTorch: Framework di apprendimento automatico ampiamente utilizzati per la creazione e l'addestramento di modelli di intelligenza artificiale.

Regressione: Un tipo di apprendimento automatico in cui l'obiettivo è prevedere un valore numerico, come il prezzo di un prodotto, basato su variabili di input.

Classificazione: Un tipo di apprendimento automatico in cui l'obiettivo è assegnare un'etichetta o una classe a un'istanza di dati, come il riconoscimento di immagini.

Kernel: Una funzione matematica utilizzata nelle Support Vector Machines (SVM) per trasformare dati in uno spazio in cui sono più facilmente separabili.

Apprendimento Semi-Supervisionato (Semi-Supervised Learning): Un approccio di apprendimento automatico che combina dati etichettati e non etichettati per migliorare le prestazioni del modello.

Realtà Virtuale (VR):

Realtà Virtuale (VR): Un ambiente simulato creato digitalmente che può essere esplorato dagli utenti attraverso dispositivi come visori VR.

Visore VR: Un dispositivo indossabile che permette agli utenti di immergersi in un ambiente VR, spesso coprendo completamente il campo visivo.

Tracking: Il processo mediante il quale i movimenti della testa e del corpo dell'utente vengono rilevati e tradotti in movimenti nell'ambiente virtuale.

Immersività: Il grado di coinvolgimento e realismo percepito dagli utenti in un ambiente VR.

Simulazione: La creazione di ambienti e situazioni virtuali che emulano o replicano l'esperienza del mondo reale.

3DoF e 6DoF: "Gradi di libertà" che rappresentano la capacità di un visore VR di monitorare i movimenti. 3DoF monitora l'orientamento (yaw, pitch, roll), mentre 6DoF monitora anche la posizione (spostamento nello spazio).

Latency (Latenza): Il ritardo tra un'azione dell'utente e la visualizzazione della risposta nell'ambiente VR. Bassa latenza è essenziale per evitare il mal d'auto.

Rendering: Il processo di generazione di immagini e grafica in tempo reale per un ambiente VR.

Teletrasporto: Una tecnica comune in VR per spostarsi istantaneamente da un punto all'altro dell'ambiente virtuale.

Simulator Sickness (Mal d'auto virtuale): Un'esperienza simile al mal d'auto che alcuni utenti possono provare quando utilizzano la VR, dovuto a discrepanze tra il movimento fisico e quello percepito nell'ambiente virtuale.

Realtà Aumentata (AR):

Realtà Aumentata (AR): La sovrapposizione di elementi digitali, come immagini o informazioni, all'ambiente reale per migliorare l'esperienza dell'utente.

Marker-based AR: Un tipo di AR che utilizza marcatori fisici, come codici a barre o immagini riconoscibili, per attivare gli elementi digitali.

Markerless AR: AR che funziona senza la necessità di marcatori fisici, utilizzando invece la rilevazione degli oggetti o la geolocalizzazione.

Hologram: Un'immagine tridimensionale generata al computer visualizzata in AR che sembra fluttuare nel mondo reale.

Field of View (FOV): Il campo visivo effettivo in cui gli oggetti AR possono essere visualizzati mentre si guarda attraverso un dispositivo AR.

Tracking dell'ambiente: La capacità di un dispositivo AR di riconoscere e interagire con l'ambiente circostante.

Geolocalizzazione: Utilizzo di dati GPS o altre informazioni di posizione per posizionare elementi AR in luoghi specifici del mondo reale.

Occlusion (Occlusione): La capacità degli oggetti AR di apparire nascosti o parzialmente coperti quando altri oggetti fisici sono tra l'utente e gli oggetti AR.

HUD (Heads-Up Display): Un'interfaccia AR che sovrappone informazioni digitali, come mappe o dati di navigazione, sulla visione del mondo reale dell'utente.

AR Cloud: Un database globale in cui vengono memorizzate informazioni spaziali utilizzate per abilitare esperienze AR persistenti e condivise in diversi luoghi.

Robotica

Robot: Una macchina programmabile in grado di compiere operazioni complesse, spesso in grado di interagire con l'ambiente circostante.

Intelligenza Artificiale (IA): La capacità di un robot di apprendere, adattarsi e prendere decisioni basate su dati e algoritmi.

Sensori: Dispositivi utilizzati da un robot per rilevare informazioni sull'ambiente, come fotocamere, microfoni, giroscopi, ecc.

Attuatori: Componenti che consentono a un robot di eseguire azioni fisiche, come motori, attuatori lineari e pinze.

Programmazione: Il processo di scrivere istruzioni o algoritmi per guidare il comportamento di un robot.

IA Cognitiva: Un ramo dell'IA che consente ai robot di apprendere e ragionare come esseri umani, risolvendo problemi complessi.

Robot Industriale: Un robot progettato per svolgere compiti in ambienti industriali, come saldatura o assemblaggio.

Robot Collaborativo (Cobots): Robot progettati per lavorare fianco a fianco con esseri umani in modo sicuro e collaborativo.

Machine Learning: Un'area dell'IA che consente ai robot di migliorare le proprie prestazioni attraverso l'apprendimento da dati ed esperienze.

Nanorobot: Robot di dimensioni microscopiche progettati per svolgere compiti a livello nanometrico, come la consegna di farmaci nelle cellule.

Teleoperazione: Un metodo in cui un operatore umano controlla un robot in remoto, spesso utilizzato in situazioni pericolose o inaccessibili.

Robotica Medica: Applicazioni di robotica nella diagnosi, chirurgia e assistenza sanitaria, come i robot chirurgici.

Intelligenza Artificiale Debole: AI che si concentra su compiti specifici e limitati, come riconoscimento vocale o immagini, invece di emulare l'intelligenza umana generale.

Autonomia: La capacità di un robot di operare senza un controllo umano diretto per periodi prolungati.

Simulazione Robotica: L'uso di software di simulazione per testare e allenare robot in un ambiente virtuale prima di implementarli nel mondo reale.

Robotica Sociale: Un campo che studia i robot progettati per interagire con gli esseri umani in contesti sociali, come assistenti per anziani o insegnanti.

Lingua dei Segni del Robot: Sviluppo di robot in grado di comunicare utilizzando la lingua dei segni per interagire con persone sorde o non udenti.

Computer Vision: Un campo dell'IA che consente ai robot di interpretare e comprendere le immagini e le informazioni visive.

Swarms Robotici: Utilizzo di numerosi piccoli robot coordinati per eseguire compiti complessi, ispirato dal comportamento degli insetti sociali.

Economia della Robotica: Lo studio degli effetti economici e sociali dell'automazione e della robotica sull'occupazione, la produzione e la società.

Blockchain

Blockchain: Una tecnologia di registro distribuito che consente la registrazione sicura e immutabile delle transazioni su una rete decentralizzata.

Transazione: Un'azione registrata sulla blockchain, spesso rappresentante lo scambio di asset digitali o dati tra partecipanti.

Blocco: Una serie di transazioni raggruppate in una singola unità di dati. I blocchi sono collegati in modo sequenziale per formare una catena (da qui il termine "blockchain").

Miner (o Minatore): Partecipante alla rete blockchain che risolve complessi problemi matematici per confermare e aggiungere nuovi blocchi alla catena. I minatori sono ricompensati con criptovalute per il loro lavoro.

Criptovaluta: Una valuta digitale basata su blockchain, come Bitcoin o Ethereum, che utilizza la crittografia per garantire la sicurezza delle transazioni.

Nodo: Un dispositivo o un computer che fa parte della rete blockchain e che contiene una copia completa o parziale del registro.

Wallet (Portafoglio): Un'applicazione o un dispositivo che consente agli utenti di archiviare, ricevere e inviare criptovalute e di gestire le chiavi private.

Smart Contract (Contratto Intelligente): Codice autonomo eseguito su una blockchain che può automatizzare e facilitare l'esecuzione di contratti e accordi senza l'intervento umano.

Fork: Una divisione nella catena blockchain che può portare alla creazione di una nuova criptovaluta o a modifiche nella blockchain esistente.

Consensus: Il processo attraverso il quale i nodi nella rete blockchain raggiungono un accordo sulla validità delle transazioni e sulla creazione di nuovi blocchi.

Hash: Una funzione crittografica che converte i dati in una sequenza di caratteri alfanumerici di lunghezza fissa. Gli hash vengono utilizzati per garantire l'integrità dei dati sulla blockchain.

ICO (Initial Coin Offering): Un metodo di raccolta di fondi in cui una nuova criptovaluta o token viene offerto agli investitori in cambio di criptovalute esistenti, come Bitcoin o Ethereum.

Consorzio Blockchain: Una rete blockchain gestita da un gruppo di organizzazioni o aziende, spesso utilizzata per scopi aziendali o collaborativi.

Transazione Privata: Una transazione sulla blockchain che è visibile solo alle parti coinvolte e non al pubblico.

Token: Un'unità di valore digitale su una blockchain, spesso utilizzata per rappresentare asset fisici o digitali.

Public Key (Chiave Pubblica): Una chiave crittografica utilizzata per ricevere criptovalute o autenticare l'identità su una blockchain.

Private Key (Chiave Privata): Una chiave crittografica segreta utilizzata per firmare digitalmente transazioni su una blockchain e accedere ai fondi del wallet.

DApp (Applicazione decentralizzata): Un'applicazione che opera su una blockchain anziché su server centralizzati, garantendo maggiore sicurezza e decentralizzazione.

Sidechain: Una blockchain separata collegata a una blockchain principale (mainchain) che consente di eseguire transazioni più veloci o funzionalità specifiche.

Hash Rate: La potenza di calcolo complessiva di una rete blockchain, spesso utilizzata per misurare la sicurezza della rete.

Stampa 3D

Stampa 3D: Una tecnologia di fabbricazione additiva che crea oggetti tridimensionali strato dopo strato, a partire da un modello digitale.

Modello 3D: Una rappresentazione digitale tridimensionale di un oggetto che viene utilizzata come base per la stampa 3D.

FDM (Fused Deposition Modeling): Un processo di stampa 3D che utilizza un filamento termoplastico fuso per creare gli strati di un oggetto.

SLA (Stereolithography): Un processo di stampa 3D che utilizza una resina fotosensibile indurita da un laser ultravioletto per creare gli strati.

SLS (Selective Laser Sintering): Un processo di stampa 3D che utilizza un laser per sinterizzare polveri di materiale, come nylon o metallo, per creare gli strati.

Bioprinting: La stampa 3D di tessuti viventi o organi utilizzando cellule biologiche.

Supporti: Strutture temporanee stampate insieme a un oggetto per supportare parti sopraelevate durante la stampa e prevenire il collasso.

G-code: Il linguaggio di programmazione utilizzato per controllare le stampanti 3D, che definisce il percorso degli strati e i parametri di stampa.

Bed (Piano di stampa): La superficie su cui viene effettuata la stampa 3D, spesso riscaldata per migliorare l'adesione dei materiali.

Overhang: Parti di un oggetto che si estendono oltre un certo angolo rispetto alla verticale e richiedono supporti durante la stampa.

Resina: Un materiale liquido utilizzato nei processi di stampa 3D SLA e DLP che indurisce quando viene esposto alla luce ultravioletta.

Filamento: Un materiale solido utilizzato nei processi di stampa 3D FDM, spesso realizzato in plastica, metallo o compositi.

Layer Height (Altezza dello Strato): Lo spessore di ciascuno strato di materiale depositato durante la stampa 3D.

Extrusore: Il componente di una stampante 3D FDM che estrude il filamento fuso per creare gli strati.

Risoluzione: La precisione con cui una stampante 3D può creare dettagli fini, spesso misurata in micron.

CAD (Computer-Aided Design): Software utilizzato per progettare modelli 3D digitali che possono essere stampati in 3D.

Build Plate (Piatto di Costruzione): La superficie su cui viene effettuata la stampa 3D, spesso realizzata in vetro, metallo o materiale plastico.

Hotend: La parte di una stampante 3D FDM che fonde il filamento prima della stampa.

DLP (Digital Light Processing): Un processo di stampa 3D simile a SLA ma che utilizza una sorgente luminosa digitale per indurire la resina strato dopo strato.

Tolleranza: La precisione con cui un oggetto stampato 3D corrisponde alle specifiche del modello 3D originale.

www.ingramcontent.com/pod-product-compliance
Lightning Source LLC
LaVergne TN
LVHW051421050326
832903LV00030BC/2934